济南文物精粹

馆藏卷

济南市文物局 济南市博物馆 济南市考古研究所 编

文物出版社

图书在版编目（CIP）数据

济南文物精粹．馆藏卷 / 济南市文物局，济南市博物馆，济南市考古研究编．-- 北京 ：文物出版社，2018.5

ISBN 978-7-5010-5534-0

Ⅰ．①济… Ⅱ．①济… ②济… ③济… Ⅲ．①文物－济南－图录 Ⅳ．①K872.521.2

中国版本图书馆CIP数据核字(2017)第310386号

济南文物精粹·馆藏卷

编　　者：济南市文物局　济南市博物馆　济南市考古研究所

责任编辑：贾东营
摄　　影：刘小放　郑　华　宋　朝
责任印制：梁秋卉

出版发行：文物出版社
社　　址：北京市东直门内北小街2号楼
网　　址：http://www.wenwu.com
邮　　箱：web@wenwu.com
经　　销：新华书店
制版印刷：北京图文天地制版印刷有限公司
开　　本：889mm × 1194mm　1/16
印　　张：17.5
版　　次：2018年5月第1版
印　　次：2018年5月第1次印刷
书　　号：ISBN 978-7-5010-5534-0
定　　价：360.00元

《济南文物精粹·馆藏卷》编委会

前言

济南市是国家级历史文化名城，境内地上地下文物十分丰富，也是我国现代考古的首始地之一，是著名的龙山文化的发现地与命名地，早在九千年前就有人类生活在这片土地之上。新中国成立以来，博物馆事业和考古工作均得到了长足的发展。作为山东省省会所在地及山东省的文化中心，济南市博物馆和济南市文物店利用这些优越的条件，几十年来收藏了大量珍贵文物，为较好地展示区域文化提供了良好的基础。境内的考古工作在省内外科研机构与高校的共同努力下，取得了令人注目的成绩，先后有城子崖遗址、西河遗址、仙人台周代墓地、双乳山济北王陵、洛庄汉墓陪葬坑、危山兵马俑陪葬坑、大辛庄遗址等获得年度全国十大考古新发现，其密集度在同类城市中尚属少见。孝堂山汉代画像石祠、隋代四门塔、灵岩寺宋代彩塑罗汉像等，更是著名中外。所有这些共同构成了这座古城的丰厚内涵。

济南市博物馆创建于 1958 年 12 月，现馆址坐落于著名的千佛山风景区西侧，占地面积 8500 平方米，1997 年正式投入使用。2011 年 9 月，济南市博物馆与济南市文物店进行了历史性的整建制合并，形成了编制 80 人、藏品十余万件的新型国有博物馆，意义深远。

济南市博物馆是一座地方综合性博物馆，主要承担着全市可移动文物的收藏保管陈列宣传和科学研究工作。自建馆以来，始终以宣传历史唯物主义和爱国主义教育为己任，经过几代人坚忍不拔的团结努力，在考古发掘（济南市考古研究所成立之前）、藏品征集、陈列展览、文物普查、科学研究等方面做了大量的工作，作出了积极地贡献。先后举办的几百个专题展览，赢得了广泛社会影响，特别是改革开放初期的 1985 年 11 月，应邀赴友好城市日本和歌山市举办了“济南历史文物展”，开创了山东省在国外举办地区性文物展览的先河。馆藏文物精品也曾多次随国家级、省级组织的文物大展到国内外展出，为促进文化交流，提高济南市的知名度发挥了积极作用。

济南市博物馆在举办各种特色展览的同时，还注意不断丰富藏品，尤其在古代书画方面极具特色。原济南市文物店是山东省最早的国有文物商店之一，积五十年之力，收集保存了大量文物精品，极大地丰富了合并后的新博物馆的馆藏。

藏品中不少文物是国内的稀世珍品，如新石器时代的“透雕象牙梳”、商代青铜错金目纹戈、春秋时期“鲁伯大父媵季姬铜簋”、西汉早期墓中出土的“彩绘乐舞杂技陶俑”等均属罕见之物。唐代石质透雕仙人凤鸟车、金银平脱镜、铜官窑犀牛瓷枕、宋代当阳峪窑剔地刻花瓷枕、元代釉里红玉壶春瓶、明代宣德青花束莲纹大盘、清代康熙五彩人物瓶、清乾隆御题于阗采玉图玉山子等，都是一代精品。另外，法书绘画在藏品中数量较大，精品较多，尤以明清书画为大宗，如北宋郭熙派的山水、元代著名画家盛懋《秋溪垂钓图》、“元季四大家”中倪瓒《高柯竹石图》、明代王谔《月下吹箫图》、林良《芦荡雁嬉图》、张路《桐荫望月图》、周臣《雪日寻隐图》、陈洪绶《达摩图》、蓝瑛《山水屏》、张翀《饮中八仙图》等。清代有王翚、石涛、郑板桥、黄慎、李鱓等人的精品。书法藏品中也不乏明代解缙、张弼、祝允明、文徵明、陈洪绶等，以及清代王铎、傅山、高凤翰、郑燮、刘墉等名家之作。另外，文房四宝、杂项类也有其独特之佳作。

济南市考古研究所正式成立于1997年12月，全额预算事业单位，编制8人。2000年9月，编制增为30人。主要承担着济南地区的文物普查、考古调查、勘探、抢救性发掘、文物修缮保护及科学研究等工作。2010年获得团体领队考古发掘资质。

自建所以来，在考古调查与发掘、文物保护与修缮等各项工作中均取得重大成果，得到考古学界和社会各界高度评价。先后完成了济南东绕城高速路段的调查与发掘，以及十亩园遗址、七家村宋代墓群、平阴西山墓群、章丘洛庄汉墓、长清月庄遗址、章丘危山汉陶俑坑、历城大辛庄遗址、长清大觉寺汉墓、章丘马安遗址、历城唐冶遗址、历城张马屯遗址、章丘女郎山墓群等发掘工作，取得重大考古发现。特别是洛庄汉墓祭祀坑与陪葬坑的发掘、危山汉陶俑坑的发掘、大辛庄商代遗址的发掘分获 2000、2003、2010 年度全国十大考古新发现，大大提高了济南市文物保护的影响力。

城市考古是济南市考古研究所业务工作的重要方面，十余年来执着追求，取得许多突破性进展。2002 年高都司巷遗址是第一次在古城区内进行的大规模发掘，老城区考古的帷幕从此拉开。第一次了解到在古城内西部的地下文化层堆积达 6 米左右，上起春秋战国下至明清，出土了大量陶瓷器等文物。此后，城市考古项目接踵而来。先后组织了对旧军门巷、县西巷、按察司街、运署街、文庙、趵北路老城墙、巡抚大堂后殿、大明湖扩建区域、和平路 47 号墓地、省府前街、卫巷、大明湖钟楼、小明湖、天地坛街、黑虎泉路、魏家庄、刘家庄、宽厚所街等遗址的大规模抢救性发掘，为济南市的城市发展史提供了不可多得的实物资料。出土了大量精美的、科学研究价值较高、甚至极高的文物，不仅为区域文化的研究提供了难得的实物资料，而且为全国性的考古学研究也提供了有重要价值的资料。

为了更好地展示济南地区悠久的历史文化，以及文物考古事业的发展兴盛，我们特别选择了以济南市博物馆和济南市考古研究所为主，兼及其他文物考古部门的藏品，重点以出土于济南的文物为主，从中选择了一批在时代和种类上有代表性的文物，编辑成本图册，以期从一个侧面能较全面地反映济南文物保护与考古研究的成果。

本图册的编辑得到了山东大学博物馆、山东省博物馆、山东省文物考古研究所、长清区博物馆、章丘博物馆、商河县博物馆、平阴县博物馆、济阳县博物馆等单位的大力支持，在此一并表示感谢。

编　者

2015年9月

目录

陶瓷

玉　器

铜　器

书　法

绘　画

杂 器

陶瓷器伴随着人类的文明进步和发展而逐渐发展和成熟，既是人类历史发展的见证，也是济南市各公立博物馆收藏及展示的主角，成为博物馆中可移动文物的一个大类。本部分遴选的泥质白陶背壶、彩绘红陶钵是山东地区新石器时代大汶口文化的典型器物；战国泥质夹砂刻铭灰陶量，经测可容小米 4220 毫升，是齐国使用的计量容器。而济南市博物馆藏西汉彩绘陶乐舞杂技俑、彩绘陶负壶鸠、彩绘陶负鼎鸠，造型新颖，美奂绝伦，气势雄伟，喻意深刻，堪为我国汉代陶塑之珍品，在全国仅见。

青瓷、白瓷的成熟和发展，推动了南北方各窑口和瓷系的繁荣，烧制出不同器型、不同特色的各类生活用具和工艺品，成为人们生产生活不可或缺的物品。以后的历朝历代，瓷器的烧制更是百花争艳、品类繁多，无论在制作、釉色、花纹、造型等各方面都更加成熟精美。唐青釉犀牛瓷枕精巧细腻，携带便利；宋影青壁灯色泽纯正，器型少见。元釉里红折枝花纹玉壶春瓶釉面光洁，品相完好；明青花束莲纹大盘发色纯正，施釉肥润，是宣德青花瓷器的代表作。明青花高士图围棋罐纹饰用细腻的线条勾勒描绘，可谓明万历民窑淡描青花精品。清粉青釉印花纹大碗釉色莹润，制作精美，为雍正官窑制品。清三彩观音比例准确，雍容华贵，是典型的康熙时期作品。

陶瓷

大汶口文化（公元前 4200—公元前 2600 年）
口径 10.8、底径 6.8、高 20 厘米

现藏于济南市博物馆。

泥质白陶。侈口，圆唇，高颈，斜肩，肩下双环耳，腹一面平直，一面近半圆形，中部饰尖状小纽，平底。

彩陶钵

大汶口文化（公元前4200—公元前2600年）
口径17.1、底径6、高13.6厘米

现藏于章丘博物馆。

泥质红陶。敛口，圆唇略向外凸出，腹部微鼓，下腹急斜收，小平底。上腹着褐色、红褐色陶衣，自肩部至下腹分饰三组几何图案，图案为深褐及白色绘制而成。底部有一圆孔。

绳纹灰陶罐

商（公元前1600—公元前1046年）
口径8.8、底径12、高17.7厘米

现藏于章丘博物馆。

泥质灰陶。手制，敛口，尖唇，深腹外鼓，通体饰粗绳纹。耳部以上部分抹光，饰四组不同纹饰，有鱼纹和“田”纹分布于两贯耳之间，位置对称。大平底上有粗绳纹，颈上两对称贯耳。

彩绘陶簋

战国（公元前475—公元前221年）
口径34、高33.3厘米。

现藏于章丘博物馆。

方座连体式。器身呈深腹钵状，下部直接连于方底器座上。腹两侧各有一孔，内装两龙形耳。弧形盖顶上有四叶莲花式捉手。器物周身饰有彩绘。

刻铭陶量

战国（公元前 475—公元前 221 年）
口径 21、底径 20、高 16.4 厘米

现藏于济南市博物馆。

泥质夹砂灰陶。圆筒形，口内敛，深腹，平底，腹部中间饰一周附加堆纹，腹外壁下侧戳印一字，释为“市”或“粜”字。该量为战国晚期齐国陶量，经测可容小米 4220 毫升。

彩绘负壶陶鸠

西汉（公元前206—公元8年）
长43.5、宽38、通高52.9厘米

现藏于济南市博物馆。

泥质灰陶。鸠鸟形体庞大，翘首站立于长方形底座之上。双翅平展，各负一朱绘陶壶。鸠鸟又被喻为不噎之鸟，可见汉代敬老爱老之风较为盛行。

彩绘负鼎陶鸠

西汉（公元前 206—公元 8 年）
底座长 29、底座宽 18.5、通高 50.5 厘米

现藏于济南市博物馆。

泥质灰陶。鸠鸟体态肥硕，昂首向前，作欲飞状，双足立长方形底座之上。其背部站立三人，二人着红袍，拱手相对，一人着赭色袍，双手撑伞；其双翼直伸，各负一朱绘陶鼎，鼎足作人形。鸠为吉祥之鸟，载美食满鼎，愿长生不老。其造型新颖，气势雄伟，喻意深刻，堪为我国汉代陶塑之珍品。

绿釉陶鸭

汉（公元前 206—220 年）
长 13.5、宽 7.5、高 16 厘米

现藏于商河县文物管理所。

陶鸭通体绿釉，鸭嘴上翘，双目有神，栩栩如生。

汉猪

棕釉陶猪

汉（公元前206—220年）
长19.5、宽6、高11.5厘米

现藏于商河县文物管理所。

鬃毛挺立，尾巴圈曲，呈觅食状，通体施满棕色铅釉，肢体肥厚，体态丰满，形象逼真，极具时代特征。

陶鸟钮香熏炉

西汉（公元前206—公元8年）
盖径16.3、口径12.9、底径9.9、通高24.6厘米。

现藏于平阴县博物馆。

泥质灰陶，半球形，子母口，细柄，覆碗式圈足，内中空，盖亦半球形，钮为鸟形，作展翅欲飞状。盖身镂刻6周菱形块饰，底部有烟孔。

青釉三蛇柄执壶

隋（581—618年）
口径5、底径6.5、高15.4厘米

现藏于济南市博物馆。

侈口，束颈，椭圆腹，肩部安装棱形短流，实足平底；口至腹部贴有三蛇形组成的柄，其中两蛇向上张口衔壶口缘，一蛇向下头成柄尾；青釉匀亮有细开片，施釉不及底。

青釉双龙柄瓶

唐（618—907 年）
口径 7.1、底径 8.6、高 37 厘米

现藏于济南市博物馆。

盘口，束颈，丰肩，鼓腹，腹下渐斜收至底部外撇，平底；肩部双侧贴塑两条生动的龙形柄，龙口衔住盘口，颈部饰弦纹数周，通体施青釉不及底。

绿釉执壶

唐（618—907年）

口径7.2、底径7.2、高14.5厘米

现藏于济南市博物馆。

口微侈，短颈，圆腹，肩上一侧贴柱形短流，一侧口至肩部贴有弧形小把手，实足平底；通体施绿色釉不及底，釉色翠绿鲜艳。

长沙窑青釉犀牛瓷枕

唐（618—907年）

底座长11.5、底座宽8.1、高9.6厘米

现藏于济南市博物馆。

椭圆形枕面，上刻划一鹅，口衔蚯蚓，张翅而奔；枕面下塑一只独角犀牛跪卧于长方形底座上，犀牛身上饰锥刺连珠纹；通体施青釉并多处呈绿褐色斑块。在长沙窑器物中多见瓶壶之类造型，此枕造型独特较为罕见。

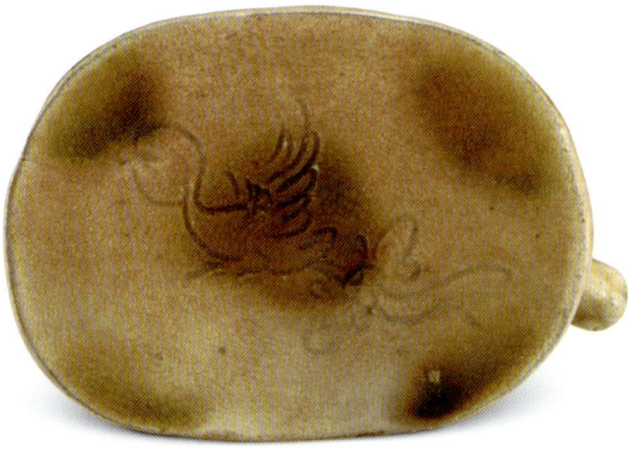

三彩三足炉

唐（618—907 年）
口径 11.5、高 13 厘米

现藏于济南市博物馆。

唇口外侈、短颈、圆腹，釜形底，三兽形足；通体饰黄绿彩釉，施釉不及底，有垂釉；腹部饰几周凸弦纹，肩部贴饰堆花。

绿釉小罐

唐（618—907 年）

口径 6.4、腹径 18.1、高 10.2 厘米

现藏于济南市博物馆。

通体施绿釉，口沿内凹，肩部饰上细下粗弦纹两条，卧足底，釉面较薄，罐身呈扁圆形，造型端正，釉面光亮。

影青壁灯

宋（960—1279年）
长6.4、宽2.6、高9.8厘米

现藏于济南市博物馆。

壁灯直口，圆鼓腹，腹部粗流较长，底部三矮足与长方形托盘粘结；腹壁一面贴长条三弧形壁挂并与底部托盘粘结，壁挂中间呈长条凸楞，上部中心一圆孔，颈至腹部饰有一周条形纹和一周条块纹，通体施影青釉，釉色纯正，器形少见。

定窑白釉盖罐

宋（960—1279年）
口径4.5、底径4.3、通高7.8厘米

现藏于济南市博物馆。

子母口，圆弧形盖，削肩，折腹直壁，腹下斜收至底，小圈足；盖顶塑一趴着的孩童呈钮，腹部贴有四条带饰。

磁州窑白釉黑褐彩侍女

宋（960—1279年）
宽4.5、高3.8厘米

现藏于济南市博物馆。

塑侍女立像，高发髻，眉目清秀，身着窄袖对襟长衣，双手执圆扇于胸前，通体白釉黑褐彩。

磁州窑白釉剔花瓷枕

宋（960—1279年）
长32.3、宽13.5、高9.3厘米

现藏于济南市博物馆。

长方形，边呈云头状；通体白釉剔地刻花纹饰，除折枝花卉外，还有建筑物图案，纹饰繁密，白釉泛黄呈象牙白，剔地处露黄褐色胎。

白釉瓜棱倒流壶

宋（960—1279年）
底径7、高18.2厘米

现藏于章丘博物馆。

细长流，耳形柄，由三股泥条捏筑而成，流部与耳柄齐高。圆腹，腹部七竖棱，圈足，除腹底部及圈足外器表施白釉，釉表有冰裂纹。底部为注水口。壶盖与器身连为一体，注水时倒过来由小孔注入，注满水后，将壶放正，底部小孔也不会漏水，故称其为“倒流壶”。

白釉黑花瓷盘

宋（960—1279年）
口径24.8、高4.9厘米

现藏于商河县文物管理所。

釉色饱满均称，黑白两色分明，盘内黑色纹饰布局应对，口沿下部及底部两道弦纹相绕，纹饰简洁流畅。

绿釉刻花瓷枕

辽（907—1125年）
长29、宽19、高10厘米

现藏于平阴县博物馆。

枕呈半月形，中凹，前低后高，抹绿釉，上有刻划填釉花卉。下部露白胎。

三彩胡人座俑

金（1127—1279 年）
宽 13.6、高 31 厘米

现藏于济南市博物馆。

座俑陶模制实心，为一胡人。由于红釉烧成条件极为严格，色泽极难掌握，虽然此物通体红色稍有不匀，但是能烧造的如此红艳，已是极为难得和珍贵。胡人俑面部特征塑造的极为生动传神，其嘴唇微启，双目传神，似给你讲述一段大漠传奇故事。

磁州窑蓝釉黑花题诗纹罐

元（1271—1368年）
口径16.9、底径11.2、高22.8厘米

现藏于济南市博物馆。

直口，圆肩，鼓腹，腹下斜收至底，平底；通体施翠蓝釉褐彩纹饰，肩部一周菊花纹，腹部一周题诗及螺纹，诗文：“寂寂幽关锁未开，田文车马出秦来。朱门不养三千客，谁为鸡鸣得放回。”字体凝练有力，绘画写意流畅 ，纹饰集诗、书、画为一体，较为罕见。

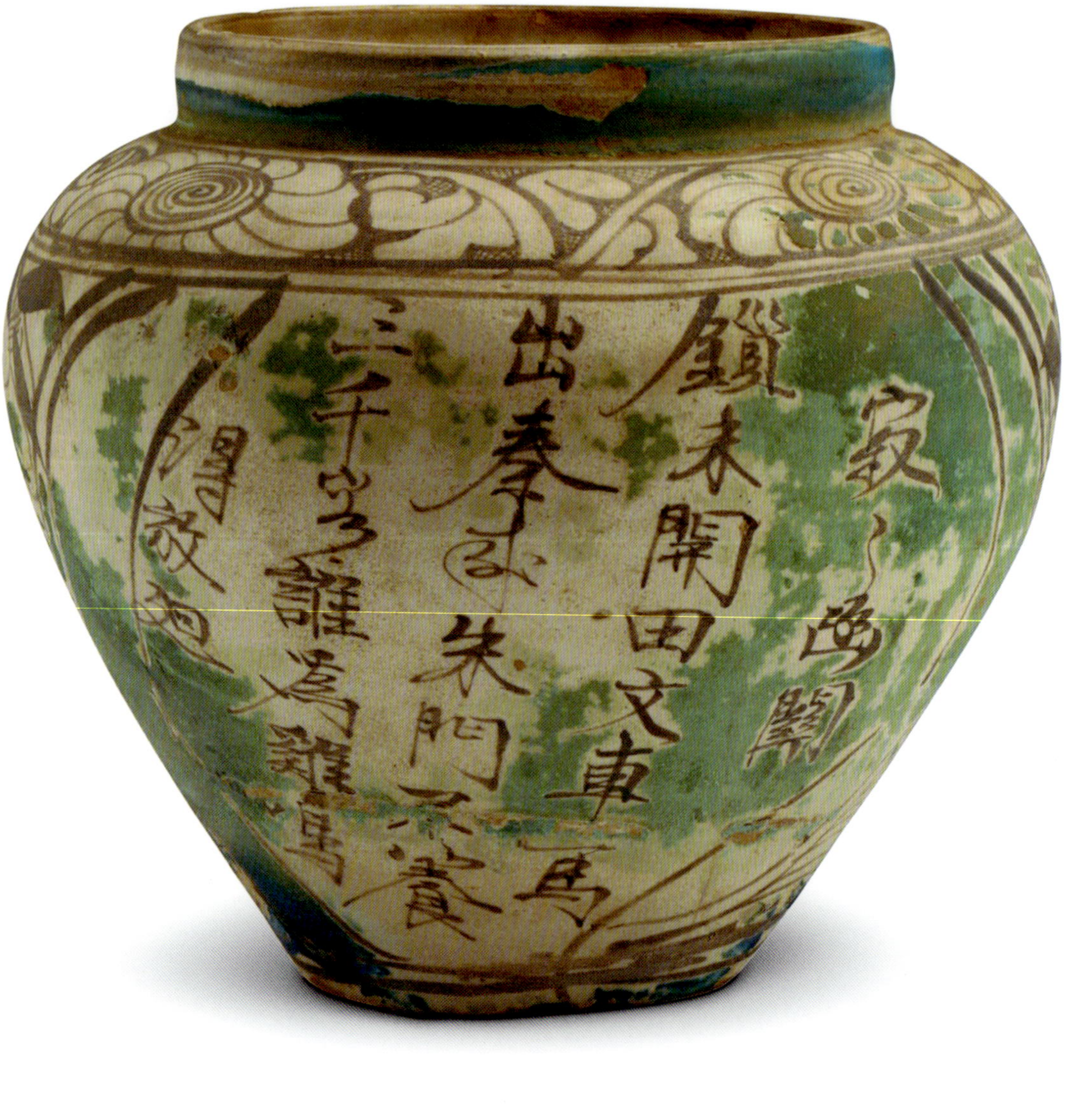

龙泉窑瓜楞纹荷叶盖罐

元（1271—1368 年）
口径 4.8、底径 18.3、通高 32.2 厘米

现藏于济南市博物馆。

子母口，盖呈卷边荷叶状，丰肩，鼓腹，内圈足高深；通体饰条状凸楞纹，其造型浑圆古朴，釉色青翠明亮。

龙泉窑刻龙纹玉壶春瓶

元（1271—1368 年）
口径 6.8、底径 7.4、高 26 厘米

现藏于济南市博物馆。

侈口，束颈较长，椭圆腹，最大处在下腹部，圈足；通体施青绿釉，颈部两周弦纹，腹部堆刻一四爪龙，制作精细。

釉里红折枝花纹玉壶春瓶

元（1271—1368年）
口径7、底径6.9、高23.4厘米

现藏于济南市博物馆。

侈口，束颈较长，椭圆腹，圈足；通体施白釉绘釉里红折枝花卉纹，颈至腹部有七周弦纹。此瓶绘画简笔，生动流畅，白釉泛青，釉面细润，造型优美，典型元代器形。

钧窑荷叶盖罐

元（1271—1368 年）
口径 9.8、底径 8.8、通高 24.4 厘米

现藏于济南市博物馆。

子母口，卷边荷叶形盖，斜肩，鼓腹、圈足；通体天青与月白色交融釉，施釉不及底，足边露胎处有垂釉，胎呈灰白色。此罐釉色纯正，釉面匀净，荷叶盖边沿卷曲自然，生动形象，是典型的元代钧瓷代表器。

哥瓷三纲炉

明（1368—1644 年）
口径 18.9、底径 12.7、高 11 厘米

现藏于济南市博物馆。

唇口微侈，短颈，扁鼓腹，圈足，足较高深，足边露胎修整齐平；通体施豆青釉，釉面呈深浅不一的网状开片，颈部露胎处剔刻卷草纹一周，并贴两狮面耳；圈足内施釉，其中心凹进露胎并刻阴文篆书“宣和”二字，口、颈和足部露酱色胎，组成三纲。

青花梅瓶（一对）

明天启（1621—1627 年）
左：口径 6、底径 9.2、高 26.7 厘米；右：口径 6.2、底径 9.5、高 27 厘米

现藏于济南市博物馆。

小盘口，束颈，丰肩，长腹渐斜收，圈足；通体为白釉青花纹饰，釉白肥润并开冰裂细片，瓶口加饰一周黄褐色釉，似铜口边，青花色灰蓝，绘有蝴蝶花纹。梅瓶造型端庄、古朴，纹饰疏朗、清雅。

青花束莲纹大盘

明宣德（1426—1435 年）
口径 45、底径 29、高 7.3 厘米

现藏于济南市博物馆。

直口，浅弧形壁，矮圈足；通体施白釉青花纹饰，盘内中心绘一束莲花，外三周弦纹，壁一周缠枝牡丹、荷花，一周海浪纹，盘外壁上一周卷草纹，下一周回纹和数周弦纹，底部露胎泛沙底红。此盘青花发色纯正、晕散，有凝聚的结晶斑点，施釉肥润呈橘皮釉，是宣德青花瓷器的代表作。

青花云龙纹盘

明正德（1506—1522 年）
口径 22.8、高 4.4 厘米

现藏于济南市博物馆。

侈口，浅腹，圈足；盘内绘青花云朵，盘外绘一周青花云龙纹，底部书有青花楷书“大明正德年制”款。此盘制作精细，胎釉细腻，青花发色纯正，为官窑制品。

德化窑白瓷兽耳炉

明（1368—1644 年）
口径 12.8、底径 10.4、高 7 厘米

现藏于济南市博物馆。

侈口，颈略束，扁鼓腹，颈部贴有两狮面耳，高圈足；通体施白釉，微泛牙黄色，故称象牙白，足内有“大明宣德年制”楷书款，胎白致密、釉面细润光亮，透光度好。

青花高士图围棋罐（两只）

明万历（1573—1620年）

口径8.1、底径8.7、通高9.5厘米

现藏于济南市博物馆。

子母口盖罐，盖呈圆弧面，直口，丰肩，腹微鼓，内圈足；两罐纹饰基本相同，通体绘满青花纹饰，盖面上绘有山石、花卉、中心一瑞兽，罐一周绘有坡石花卉，古树下一高士席地而坐，一童相随，青花纹饰用细腻的线条勾勒描绘"淡描法"，发色淡雅、柔和，绘画水平高，可谓明万历民窑淡描青花精品。

青花人物笔筒

明（1368—1644年）
直径17.4、高9.5厘米

现藏于济南市博物馆。

圆口，直壁，通体精致厚实，釉质白净凝腻，青花翠兰明丽，鲜亮诱人。外壁通景绘青花人物图，三位好友聚于此作交谈状。一人长须飘拂，面带微笑，目视远方。一位正侧目与另一位谈笑，周围山石河流，树木繁生，云雾缭绕。整体青花青翠，层次清晰，构图典雅，笔法娴熟，表现出了崇祯时期清新自然、无拘无束的艺术创作风格。

釉下三彩笔筒

清康熙（1662—1722年）
口径17.8、底径17.4、高15.4厘米

现藏于济南市博物馆。

直口，直腹，璧形底；通体饰白釉青花、釉里红、豆青釉，腹部一周饰浅浮雕釉下三彩山石、树木，底部有青花楷书六字款“大明嘉靖年制”。笔筒胎质坚实细腻，釉面莹润、明亮，色彩淡雅清新，釉下三彩是康熙时期一种特殊品种。

青花云龙纹圆炉

清康熙（1662—1722 年）
口径 25、底径 13.8、高 11.3 厘米

现藏于济南市博物馆。

大侈口，束颈，鼓腹，圈足较高；颈部一周绘博古纹，腹部一周绘二龙戏火球，二龙矫健威猛。此炉施白釉呈糯米白，青花发色鲜蓝纯正，庄重典雅。

五彩人物纹观音尊

清康熙（1662—1722 年）
口径 12、底径 14.5、高 45.4 厘米

现藏于济南市博物馆。

侈口，颈略收，丰肩，腹下渐收至底部外撇，圈足；通体施白釉五彩纹饰，口沿下一周云纹，颈部连珠纹、回纹各一周，瓶身绘三国人物故事图，画面宏大，人物众多，神态各异，生动传神，底部书有青花“大明成化年制”楷书款。

大明
成化
年製

素三彩龙纹小盘

清康熙（1662—1722 年）
口径 11、底径 6.6、高 2.5 厘米

现藏于济南市博物馆。

侈口，浅腹，圈足；通体由黄、绿、紫三色组成，称素三彩，盘内饰一绿一紫二龙，龙身浅刻鳞纹，外一周花卉，盘外一周饰紫绿两龙，底部双圈内紫色竖排“大清康熙年制”楷书款。此盘胎釉结合致密，釉面光亮、细腻，色彩纯净，制作精细规整，官窑制品。

粉青釉印花纹大碗

清雍正（1723—1736 年）
口径 33.4、底径 15.6、高 16.5 厘米

现藏于济南市博物馆。

侈口，深腹，圈足；碗外暗刻莲花、石榴、牡丹、菊花等花纹，底部书有青花篆书“大清雍正年制”款，款识书写的十分工整漂亮。此碗制作精细，釉色莹润纯正，纹饰精美，为雍正官窑制品。

茶叶末釉绶带葫芦瓶

清乾隆（1736—1796 年）
口径 2.6、底径 7、高 23 厘米

现藏于济南市博物馆。

直口，束腰，鼓腹，圈足；颈、肩及腰部由对称弯曲的如意头绶带相联，对称的绶带线条优美飘逸，通体施茶叶末色釉，口、腰部及绶带处露古铜色胎，腰部两周宽条带装饰，底刻“大清乾隆年制”六字篆书款。此瓶制作精细，釉色纯正，造型优美，为乾隆时期典型器。

釉里红蒜头口绶带扁壶

清乾隆（1736—1796 年）

口径 2、底径 5.2、高 17.5 厘米

现藏于济南市博物馆。

蒜头口，束颈，扁圆腹，椭圆形圈足；肩两侧与口齐平附以绶带形双耳，通体为釉里红纹饰，纹饰繁密，釉里红发色纯正、鲜亮。

仿哥窑瓷笔洗

清乾隆（1736—1796 年）
口径 17.7、高 6.7 厘米

现藏于济南市博物馆。

直口，直腹，底内双圈足；通体施灰白色釉，釉面肥润细腻，匀净，有深浅不同的大小开片，仿哥窑的金丝铁线非常成功。

青花牡丹云龙纹将军瓷罐

清乾隆（1736—1796 年）
口径 21、腹径 38、底径 32、帽高 19、通高 64.5 厘米

现藏于章丘博物馆。

直沿通肩，弧腹，凹底，宝珠顶，高圆盖，上有钮。器形高大浑圆，胎质洁白莹润，釉色白中闪青，洁净润泽，制作精致，自口部往下饰竹纹、云花纹。瓶体主图案为牡丹云龙纹，下部饰蕉叶纹。盖上饰牡丹纹。

鳝鱼青粉彩花卉双耳蒜头瓶

清道光（1821—1850 年）

口径 3、足径 6.5、高 23.5 厘米

现藏于济南市博物馆。

蒜头口，束颈较长，鼓腹，高圈足；颈部贴双兽耳，通体施鳝鱼青釉地，腹部两面开光粉彩花卉。

红地青花海兽纹大碗

清道光（1821—1850 年）
口径 20.8、底径 8.5、高 10 厘米

现藏于济南市博物馆。

侈口，腹斜收，圈足；碗内心绘红地海浪及青花海兽纹，外壁口沿绘一周青花回纹，腹部一周绘红釉海浪和青花海兽纹，圈足处绘一周青花边饰，底有“大清道光年制”款。

霁蓝釉天球瓶

清道光（1821—1850 年）
口径 8.9、腹径 27.5、底径 12.5、高 43.5 厘米

现藏于章丘博物馆。

直口，细长颈，弧腹，凹底；胎骨厚重。瓶外施霁蓝釉，内施青白釉，底部无釉。釉色纯正鲜艳，深沉厚重。

绿地粉彩福寿纹方碗

清咸丰（1851—1861年）
口长18、底径10.5、高6.9厘米

现藏于济南市博物馆。

方形四出花口，圈足；碗内施绿釉素面，外壁绘绿釉粉彩花卉福寿纹，底有“大清咸丰年制”款。

珊瑚釉云龙纹大盘

清宣统（1909—1911年）
口径34.5、底径12.5、高5厘米

现藏于济南市博物馆。

侈口，浅腹，圈足；盘通体绘珊瑚红云龙纹，底有“大清宣统年制”款

粉彩凤凰花卉纹碗

清宣统（1909—1911 年）
口径 20.8、底径 8.9、高 9 厘米

现藏于济南市博物馆。

侈口，腹斜收，圈足；碗内白釉素面，外壁绘粉彩凤凰花卉纹，底有“大清宣统年制”款。

大清宣
統年製

豆青釉开片瓷罐

清（1644—1911年）
口径12、底径11.6、高24.6厘米

现藏于章丘博物馆。

圆唇，球形腹，凹底，罐内部饰开片纹青釉。胎质细腻，釉厚如玉，釉层略透明，光泽柔和。釉面布满大开片，中间有褐色细开片，底部小圈足火石红。器形整体稳重，挺拔秀丽，为清代仿哥窑精品。

青花盘口大瓶

清（1644—1911 年）
口径 29.6、底径 35.5、高 63.5 厘米

现藏于济南市博物馆。

盘口、撇足、鼓腹，器形硕大，胎体坚致厚重，釉面均匀肥润，白中微闪青，通体青花色绘十二层纹饰，布局繁密，瓶腹主绘缠枝花卉灵动潇洒，颜色浓艳。缠枝又名“万寿藤”，起源于汉代，寓意吉祥。

粉彩天球瓶

清（1644—1911 年）
口径 13.6、腹径 39.5、高 59.5 厘米

现藏于济南市博物馆。

直口、粗颈、鼓腹、圈足。瓶口沿肩部饰如意云纹。腹部饰变形如意云头纹，缠枝莲瓣纹。色彩艳丽，繁缛富丽，雍容大气，缤纷有致，笔法娴熟畅达。

三彩观音

清（1644—1911年）
长17、高42厘米

现藏于济南市博物馆。

此尊观音像由两部分组成，莲台呈六方形，观音盘膝打坐于莲台上。观音造型端庄大方，比例准确，神态安详，气质雍容华贵，确有大慈大悲、普渡众生之相。彩色有紫、黄绿，色泽沉稳、自然。胎质坚实，茄皮紫色是典型的康熙时期作品。

红釉狮子

清（1644—1911年）
长26、高27.8厘米

现藏于济南市博物馆。

通体施红釉，窑变釉色变化多端，色彩流畅自然，狮昂首微张口，胎体雕刻技法高超，线条细腻生动，给人憨态可鞠之感。狮子的造型和图案在清代至民国大量出现，喻太师少师等吉祥意，深受欢迎。

白瓷观音立像

清（1644—1911年）
长26、宽19.5、高62.5厘米

现藏于济南市博物馆。

观音双目微闭，面目安详，头饰巾冠，通肩衣袍双手抬起作讲法状。立于复盆莲座上，底部雕莲蓬海浪，衣袍飘逸，极富动感，整体造型优美，雕刻手法高超，釉面温润光亮，把雍荣华贵而不失尊严的观音表现得非常恰当。

黄釉开光粉彩花卉四系盖罐

清光绪（1875—1908 年）
口径 11、高 29 厘米

现藏于济南市博物馆。

直颈，斜肩，腹长略凸，腹下内敛，平底浅圈足，底内楷书“大清光绪年制”红款。胎体洁白细腻，质地坚硬，釉面匀净，黄色纯正娇艳。罐身四面开光，罐盖两面开光，开光内绘粉彩折枝花卉，构图清丽，色彩鲜艳，转折变化自然。此罐当属清光绪时期的黄釉粉彩佳器。

大清光
緒年製

玉器，在济南市各博物馆及原市文物店中皆有收藏，以历代传世品为主，涉及各个时代，尤以明清时期玉器收藏为要。

早在新时期时代，就已经出现作为装饰品或祭祀品的玉器，古朴雅致，充满神秘气息，济南市章丘董家出土的龙山文化穿孔玉斧，通体磨光，形制精美。商周时期玉器的制作从原料的挑选、器物的雕琢工艺、使用的范围和数量上，都大大超过了前代。西汉以后，玉器的世俗化倾向日趋明显，济南市文物店收藏的汉代玉猪，质地洁白，琢磨俱佳，雕刻工艺具有典型的“汉八刀”风格。

明清时期，中国的玉器发展到顶峰，此时期美轮美奂的精品前所未有。济南市博物馆藏清乾隆青玉于阗采玉图山子，用新疆和阗所产的整块青玉山料雕琢而成，采用圆雕、透雕、线刻等技法雕琢出于阗采玉人在矿洞中采集运送玉石的场景，背面刻乾隆皇帝御题诗一首，玉质细腻光润，包浆清晰油亮，整体设计精心巧妙，雕刻技法娴熟，极富诗情画意，是清代乾隆时宫廷造办处精致之作。清青玉松树人物献寿山子，玉质青白，立体圆雕。正面以深雕、凸雕等技法琢成山石、台阶、亭阁、人物，背面雕刻松树，陈设把玩皆有韵味。

玉器

穿孔玉斧

龙山文化（公元前2500—公元前2000年）
长13.8、宽7.6、厚1.4厘米

现藏于济南市博物馆。

玉质翠绿色。长方形，顶端平整，两侧斜直，刃部较宽，两面磨刃，略呈弧形，四边较薄，中间较厚。通体磨光，上部中间有一对钻圆孔。素面。

青玉龙形佩

战国（公元前475—公元前221年）
长16.9、宽8.7、厚0.45厘米

现藏于济南市博物馆。

玉质青色，扁平状，有光泽。龙头较小呈回首状，椭圆眼，唇上卷，躯体呈“S”状回旋，龙尺作伏卧状，身上满饰卧蚕纹，上方一圆孔，可以系佩。此器边棱、勾角分明，雕刻细致、精美，为战国典型器物。

黄玉镂空龙纹饰

战国（公元前475—公元前221年）
长8.1、宽6.3、厚0.4厘米

现藏于济南市博物馆。

玉质黄白色，有褐色沁，长方片状，边框内透雕一龙，张口，四足作飞奔状。以细阴线刻出嘴、眼睛、足及身上的纹饰。边框上阴刻竹节纹，下部两角磨圆。

青玉凤鸟纹璜

东周（公元前 770—公元前 256 年）
长 9.2、宽 2.7、厚 0.32 厘米

现藏于济南市博物馆。

玉质青色，土沁较重。片状，两面雕琢。镂雕两只相对的凤鸟，尖嘴，高冠，尾部各有一圆孔，璜身阴线刻卷云纹、网格纹，中间一圆孔，以供佩系。

玉猪

汉（公元前206—220年）
长11.5、宽2.8、高3.2厘米

现藏于济南市博物馆。

此对玉猪，质地洁白，温润晶莹，玻璃光泽。用阴刻线雕刻手法，将嘴部刻画得非常柔和逼真，面部表情温和，古朴可爱。整体造型布局均匀，线条简洁而流畅，刀法粗犷有力，刚劲挺拔，琢磨俱佳，雕刻工艺具有典型的“汉八刀”风格，是玉雕中极品。

玉发冠

南北朝(420—589年)
长11.63、宽6.41、高7.5厘米

现藏于济南市博物馆。

和田青白玉玉质。玉发冠亦称玉发束，为古代束发之物，此物通体浮雕，三层卷云纹饰，造型独特，雕刻线条流畅，简洁有力，中间打一圆孔，便于束发，具有典型的时代工艺风格。

玉印（一对）

元（1271—1368 年）
长 6.2、宽 6.1 厘米

现藏于济南市博物馆。

玉印整体切面雕琢都极为简练，整体呈立体方形，上部收敛内弦，顶部留出方台，雕对称如意花纹，腰部雕两组勾云纹，在其上端打一穿膛孔，方便系绳携带。此对玉印虽然雕琢打磨都不够精细，正反应了其时代粗犷粗壮一览无余的风格特征。

带座青白玉洗

元（1271—1368年）
长12、宽5、高9.5厘米

现藏于济南市博物馆。

和田青玉质，玉质温润细腻，但不够纯净，有微瑕。玉洗主体是一支向上卷曲的大荷叶，壁薄似透，用减地浅浮雕法凸起叶脉，清晰流畅，形态自然，如随风摇曳。右后侧雕一叶刚刚开始舒展的新荷做把手。叶下是穿插的荷茎、花蕾和新叶，恰好与镂空的圆雕骨质荷花水草器座穿插呼应，融为一体，意趣更浓。

青玉镂雕鹘攫天鹅带饰

金（1115—1234年）
长10、宽5.2、厚1.1厘米

现藏于济南市博物馆。

玉质青白色，长方形，镂雕鹘攫天鹅图案。天鹅惊恐挣扎，头藏于水草之下，鹘在鹅头上，欲啄其脑。所饰为女真人春水图案，以阴线琢出两只鸟的羽纹，逼真生动。

白玉龙凤佩

明(1368—1644年)
长7.1、宽3.6、厚0.7厘米

现藏于济南市博物馆。

玉质白色，雕一龙回首，张口露齿，双角后抿。锯齿状发毛后扬。龙尾雕琢成凤首，圆眼，凤冠高而前倾与一龙足相接，锯齿状羽毛，刻以细阴线。其身上阴刻绳纹、卷云纹。造型精美别致。

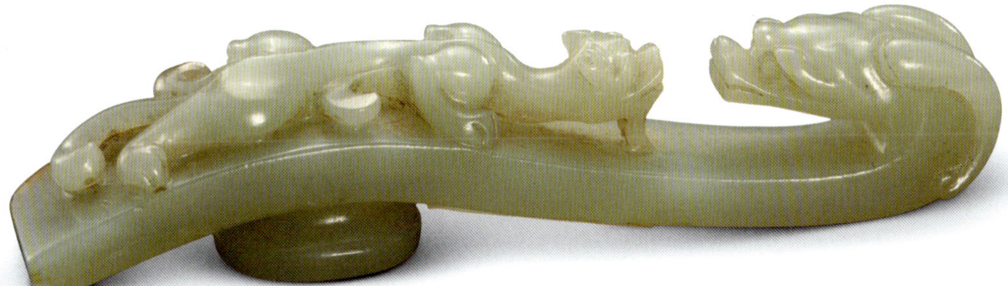

青玉龙首螭虎带钩

明(1368—1644年)
长10.5、宽1.8、高2.3厘米

现藏于济南市博物馆。

玉质青色，尾部一侧有红褐色斑。龙首为钩，双角后抿，眉骨凸出，圆眼，宽鼻，腹部琢一小螭虎，尖耳，尾分叉，爬伏状。其意为苍龙教子。背有椭圆钮。

白玉雕墨床

明（1368—1644 年）
长 17.4、宽 7.2、厚 0.7 厘米

现藏于济南市博物馆。

此件白玉墨床，采用分层镂雕方法，其特点是采用减地平级的雕法留出所雕的腾龙、荷花、飞燕之后，把地子均匀降低，再在降低的地子上镂雕卷云，使此上下分出多层雕饰，突显出腾龙的主体效果和层次分明的高超技巧与深层构思。

玉雕双鹊衔梅坠

明（1368—1644年）
长6、宽4.2、高2.1厘米

现藏于济南市博物馆。

白玉留皮，质地细腻，利用一块留皮籽玉巧妙圆雕两只喜鹊双双衔梅状。雕刻细腻，具有动感，线条流畅，造型构思非常精巧。

青玉松树人物献寿山子

清（1644—1911年）
长12.4、宽6.7、高19.7厘米

现藏于济南市博物馆。

玉质青白色。立体圆雕。正面以深雕、凸雕等技法琢成山石、台阶、亭阁、松树，以阴刻线刻出围栏、砖石、松针，松树下一老者持仗回首，一童子虔诚献寿桃。背面雕刻松树，有红褐色皮斑。

现藏于济南市博物馆。

玉质青白色，有绺纹一道。圆形，唇口，斜腹，小凹底。通体浅浮雕荷花、荷叶、莲蓬、鱼、水波纹。缸底凸雕一螭虎，盘曲状，尖耳，圆眼，首尾相接。底阴刻双行“乾隆年制”隶书款。

白玉夔龙纹连形圭璧

清（1644—1911年）
直径9.2、厚0.65厘米

现藏于济南市博物馆。

玉质白色，两半式，可拼成一体。玉圭雕琢于玉璧之上，圭角平钝。玉璧一面上琢有两海兽纹，玉圭上琢山纹、海水江牙，寓意“安定四方”；玉璧另一面浅浮雕蝙蝠、卷云纹，寓意“洪福齐天”。器形别致少见。

青玉于阗采玉图山子

清乾隆（1736—1795年）
长20.1、宽8.2、高12厘米

现藏于济南市博物馆

玉质青色，温润光泽。采用圆雕、透雕、线刻等技法雕琢出于阗采玉人在矿洞中采集运送玉石的场景。背面刻乾隆皇帝御题“于阗采玉”题记一首，篆书“乙酉春御制”年款。印两方，篆书“古春”、“太上”。底部中心刻篆书“乾隆年制”款。此山子雕工精美，人物神态逼真，是难得的珍品，应为乾隆时宫廷造办处精致之作。

青玉瓜式洗

清（1644—1911年）
长10、宽6.3、高3.3厘米

现藏于济南市博物馆。

玉质青色，光泽感强。似瓜纵向剖开，五瓣瓜棱，瓜棱清晰，镂雕花叶、藤蔓为柄，瓜蔓缠绕于底，一片大叶贴于底部作为足。以阴刻线刻出叶脉，叶脉分明。其造型寓“绵绵瓜瓞”之意。

白玉人物双鹿耳杯

清乾隆（1736—1795 年）
口径 8.2、底径 3.6、高 5.5 厘米

现藏于济南市博物馆。

玉质白色，侈口，斜腹，圈足，双耳上各圆雕一只卧鹿，口衔灵芝，相对而视，耳下有尾。杯腹琢刻有十二人物及仙人，间饰以卷云、树石、仙鹤。底阴刻双行“乾隆年制”隶书款。

乾隆
年製

碧玉御制九老图山子

清（1644—1911年）
长34、宽23、厚5.2厘米

现藏于济南市博物馆

碧玉质，随形雕琢。运用圆雕、透雕、凸雕，线刻等技法琢出山亭、古松，小桥流水及十二位人物，或三人相坐，或携琴趋步，或相互招应，或吟诗交谈。背刻“御制九老会诗”一首。此山子描绘的是唐代会昌五年（845年），白居易、胡杲、郑据、刘真、卢贞、张浑、吉皎、李元爽、僧如满九位文人士大夫，在今河南洛阳香山聚会宴游的情况。为珍贵的陈设品。

御製九老會詩
九老作朋總廿七
黧顛華髮暎髭鬚
廟堂未免拘儀度
泉石特教恣讌娛
丹陛暫辭心肯忘
玉闕歸後氣猶麤
聽松祇合鸞杯舉
陟巘寧須鳩杖扶
一例香山南讓北
千秋摩詰畫成圖
如今擬問白居易
似爾當年少欠無

黄玉龙凤雷纹瓶

清（1644—1911年）
长12.4、宽3.4、通高14.4厘米

现藏于济南市博物馆。

玉质黄色，温润光泽，材料珍贵。有褐斑。瓶体扁圆形，椭圆口、足，长颈，腹部稍阔。瓶身饰兽面纹，左下侧有山石座，上雕一凤回首，口衔灵芝，花尾卷曲。右下侧镂雕椭圆座，上卧一螭，独角。椭圆形盖上雕一螭虎，爬伏状，尾分叉，腿部以细阴线刻出腿毛。此器造型别致，雕工精美，为珍贵之品。

白玉团螭佩

清（1644—1911年）
直径5、厚0.6厘米

现藏于济南市博物馆。

和田白玉制，玉质极佳，洁白无瑕，细腻温润。用镂空和减地技法雕一团螭，张口卷尾，首尾相连，其后是两段鳞片纹，团螭中间一段是乳丁纹。此佩设计巧妙，器形古朴，工艺精湛，是清中期的小件玉器佳作。

白玉碗

清（1644—1911 年）
口径 12、底径 8.3、高 3.6 厘米

现藏于济南市博物馆。

玉质细白，抛光温润，底部收口，口沿内收一圈凹槽，颇为奇特。玉碗周圈采用浅浮雕技法，纹饰规整，编排生动，松紧适当，玉碗掏膛极为特别，沿口内凹，形成口收腹放的罐式结构。整体造型收放得当，曲线流畅，彰显出与众不同乾隆工精细的特点。

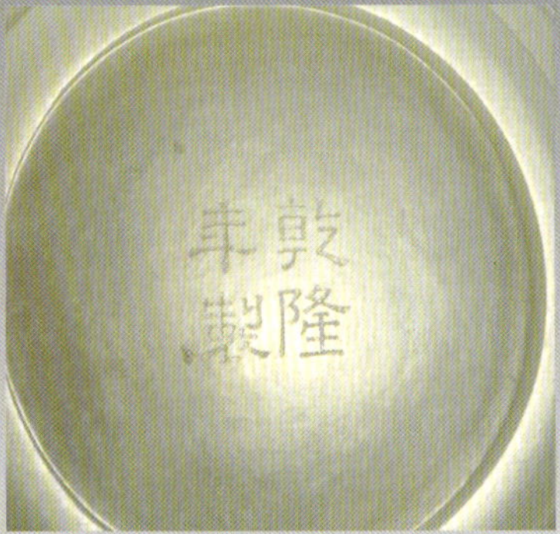
乾隆
年製

白玉人物牌

清（1644—1911 年）
长 7.4、宽 5.4、厚 1.3 厘米

现藏于济南市博物馆。

清代玉牌，承袭明代遗风，款式则更为多样，此玉牌采用浅浮雕技法，设计巧妙，玉牌上下浮云激浪对比活泼自然，牌中琢一仙人乘槎持桨泛舟状，桨上端琢一宝葫芦，仙气入云中，玉牌中每个细节全部融入主题，连为一气。

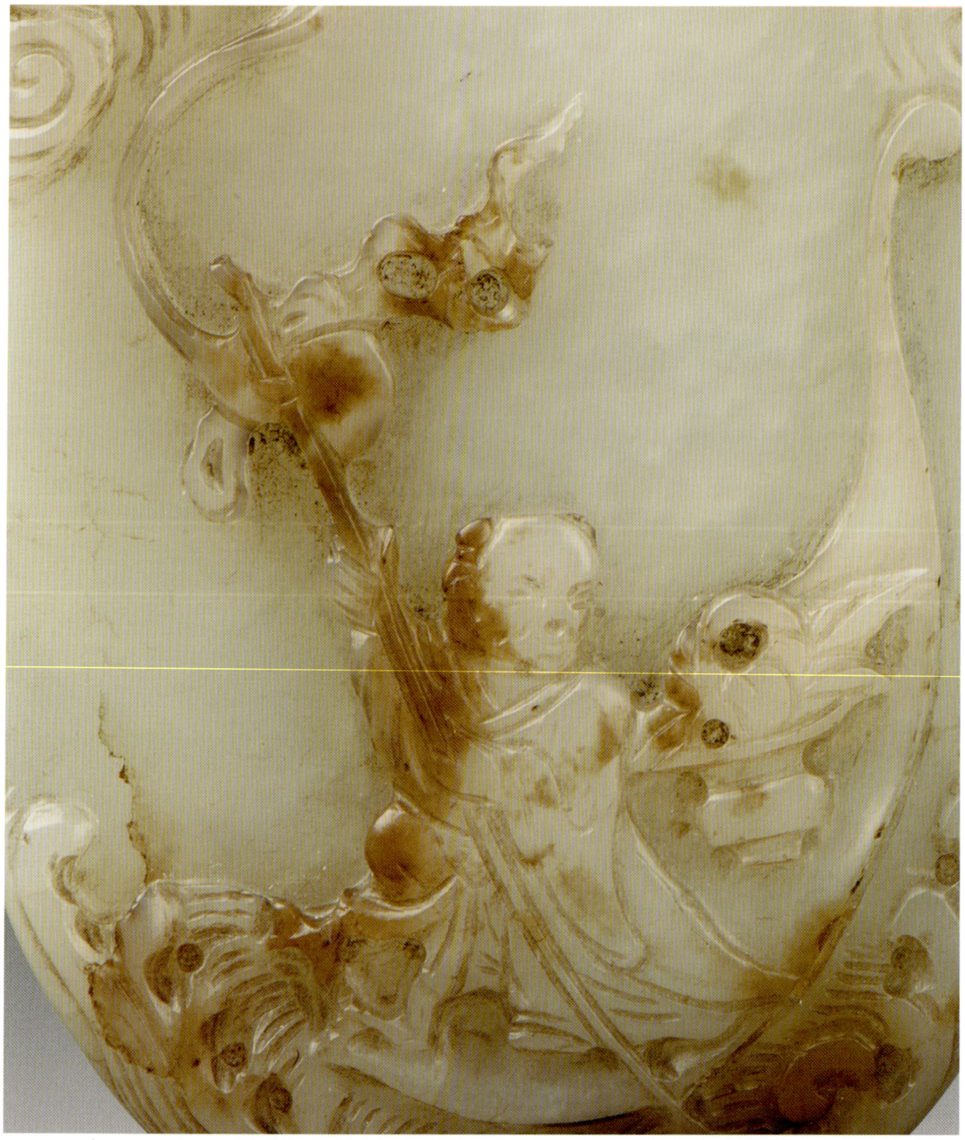

白玉皮雕瓜蝶坠

清代（1644—1911年）
长4.8、高6.4厘米

现藏于济南市博物馆。

此件和阗白玉瓜坠，质白温润，莹透迷人。属籽料白玉，带皮。雕琢精巧，运用圆雕、镂雕、浮雕等技法，将玉件雕刻的圆润丰满，瓜果丰硕，细腻白净的瓜果上覆盖着枝藤蔓叶，瓜楞线条流畅，花蝶飞扑，富有动感，使人一见倾心。整体造型富有“瓜蝶绵绵”之意，即绵绵瓜瓞，寓意子孙昌盛。

青玉雕八宝福寿如意

清（1644—1911年）
长37、宽11.5厘米

现藏于济南市博物馆。

玉质青色，以一整块玉琢制。曲柄，如意头正中刻篆书“寿”字，四周浅浮雕白盖、宝罐、金鱼、莲花，柄上雕宝螺、盘肠、宝伞、法轮八宝纹饰。柄尾琢一蝙蝠，背面刻一卷云纹。

中国古代青铜文化十分发达，并以制作精良，气魄雄伟、技术高超而著称于世。早在商代即已出现了制作精良的青铜器，馆藏二里岗晚期弦纹铜鼎，其器形界于鼎、鬲之间，系带足的鬲的变形。到了商代晚期青铜礼器已十分发达成熟，主要的器类都已具备，主要有食器、酒器、水器和乐器，这在济南大辛庄遗址、刘家庄遗址多有出土。济南市博物馆藏兽面纹斝、“亚丑”铜罍，“祖戊”铜觚，平阴县博物馆藏青铜方鼎，“子义”铭青铜爵等皆彰显了商代璀璨的青铜艺术。

西周中晚期至春秋战国时期的青铜器，器形由端庄厚重而转向轻灵，纹饰多为动物变形，或流转舒畅，或朴质简率。作器铸铭盛行，多见有长篇铭文的重器，如馆藏春秋“齐叔姬”铜盘，铸造规整，纹饰精美，铭文字体布局规范，笔画流畅，铭文内容与文献记载相互印证，是春秋时期齐鲁两国互通婚姻的历史见证。器物的生活实用性加强，礼器的功用逐渐消失。平阴县博物馆藏嵌绿松石铜卧牛及“驻”铭铜立马应即此时期较为典型的青铜制品。

汉代以后青铜器更加注重实用并逐渐被其他质地的器物所替代，但在不同的历史时期，都有青铜制品的存在，济南市博物馆藏唐代金银平脱镜可谓山东省内馆藏之唯一佳品。

銅器

弦纹铜鼎

商（公元前1600—公元前1046年）
口径15.5、高25厘米

现藏于济南市博物馆。

饪食器。侈口，双立耳，垂腹，近平底，三棱形足。口下饰弦纹三周，腹饰人字形弦纹。其器形界于鼎、鬲之间，系带足的鬲的变形，为二里岗晚期器。

兽面纹铜斝

商（公元前1600—公元前1046年）
口径17.5、高23.3厘米

现藏于济南市博物馆。

酒器。广口，束腰，平底，三棱形尖足，单把。口缘部对称竖二柱，柱头作菌状。腰部以下环饰兽面纹。此斝属殷墟文化早期器。

“亚丑”铜罍

商（公元前1600—公元前1046年）
口径13.4、底径15.3、高42厘米

现藏于济南市博物馆。

酒器。直口，直颈，圆盖，丰肩，深腹，圈足。肩部有两兽头环耳，腹下方一兽头环钮。通体细雷纹作地，并有涡纹、四瓣花纹、夔纹、三角纹等饰满盖、肩、腹部。盖内及口内同铭，释为“亚丑”。该器器表光滑，纹饰清晰，为“亚丑”器群中之精品。

饕餮乳丁纹方鼎

商（公元前1600—公元前1046年）
口长17.5、口宽14.7、腹深10、高22厘米

现藏于济南市博物馆。

饪食器。口、腹略呈长方形，平沿外折，方唇，腹微内收，圆柱形足。口沿上竖对称的拱形立耳。腹四壁除正中间一长方形素面外，分别饰饕餮纹和乳钉纹。足上部饰饕餮纹和蝉纹，中部饰弦纹一周。方鼎内壁一侧铸有会意文字，“一人一手持戈，一手持盾”，象征武人征伐之状。

“祖戊”铜觚

商（公元前1600—公元前1046年）
口径14、底径8.5、高22厘米

现藏于济南市博物馆。

酒器。喇叭形口，倾度较大，鼓腹，圈足下有一段较宽的边缘。腹饰饕餮纹，上下夹以连珠纹和凸弦纹。其造型敦厚朴实，器壁厚薄均匀，单层花纹，线条粗犷遒劲又不失精美细致。圈足内壁铸铭文“戊寘舞畴作祖戊彝”三行八字。其年代为武丁早期，属殷墟文化一期。

“庚丙”铜爵

商（公元前1600—公元前1046年）
高21.5厘米

现藏于济南市博物馆。

酒器。流较窄，尖尾，菌形柱靠近流折，直腹，卵形底，三棱足，兽首鋬。腹饰兽面纹，柱帽饰涡纹。鋬内铸有“庚丙”铭记。

乳丁纹铜簋

商（公元前1600—公元前1046年）
口径25.3、底径16.4、高18.1厘米

现藏于济南市博物馆。

食器。侈口，深腹，高圈足。口下有3个浮雕小兽头，圈足有二穿。口下、腹及圈足饰云雷纹、斜方格乳钉纹、兽面纹。此系商代晚期器。

青铜犁铧

商（公元前 1600—公元前 1046 年）
边长 13.8、余宽 13、厚 5 厘米

现藏于济南市博物馆。

农具。此器形体轻巧，呈等腰三角形，两长边为刃，前端成锐角，有扁锥形銎。犁铧正、背两面凸起，有明显使用磨损痕迹。正面隆起成脊，左上端及中间隆起部分的右侧，均已残缺；背面有简单纹饰，正中微凸成弧形棱，棱两边穿二孔，可以用销钉或木楔把犁头固定在犁底木上。

错金目纹铜戈

商（公元前1600—公元前1046年）
长25、宽9.02、厚0.9厘米

现藏于济南市博物馆。

兵器。戈体宽厚，援部舌条状，呈等腰三角形，中间起脊，无胡无穿，銎内。銎部椭圆形瓦纹，内尾部等宽平齐，平齐处正反两面，各有一铭文和花纹。在戈的援末与銎内相接处，正反两面又各有两个错金环形目状纹饰，灿然夺目。

铜提梁卣

商（公元前1600—公元前1046年）
口径13.8-14.7、腹围63.8、底径21、高31.5厘米

现藏于章丘博物馆。

酒器。敛口，平唇，鼓腹，矮圈足，绞索状提梁，拱形盖。卣腹上部饰菱形云雷纹带，两侧中间各浮雕一兽首，内底和盖内顶部有阴刻铭文："亚□乍父癸彝"。

青铜方鼎

晚商（公元前13世纪—公元前11世纪）
长18、宽14、高21.2厘米

现藏于平阴县博物馆。

饪食器。长方形，口上有两直立方耳，腹下有四柱足。鼎四角及柱足外角饰扉棱，器表饰乳钉纹。

“子义”铭青铜爵

晚商（公元前13世纪—公元前11世纪）
口径7.8、高19.2厘米

现藏于平阴县博物馆。

饮酒器。爵为卵形腹，长流，短尾，旁有扁形鋬，内有大篆铭文两字：“子义”。口上近流处有菌状两柱，下有三条高尖足。腹部饰云雷纹、连珠纹等。

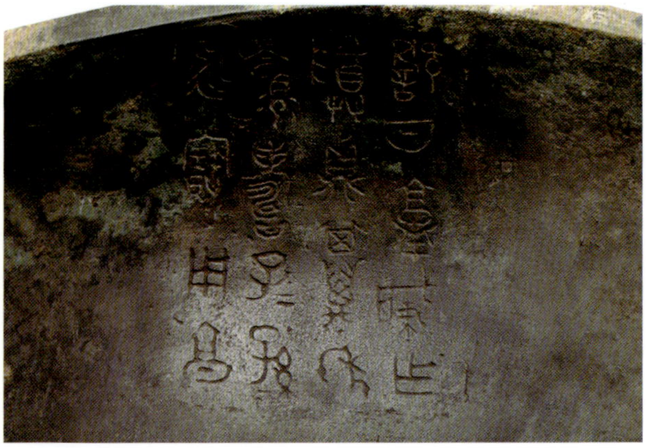

“郭甘”铭铜鼎

春秋（公元前770—公元前476年）
口径25.5、高24.2厘米

现藏于章丘博物馆。

盛器。侈口，平唇，方立耳，耳外部饰弦纹。弧腹，圜底，三蹄形足，腹部近口处饰重环纹，中部饰重鳞纹，两种纹饰以凸棱相隔。腹内壁有阴刻铭文20字。器物合范处痕迹明显，三足中空。

“乍旅”铜簋

西周（公元前1046—公元前771年）
口径19.5、底径15.4、高12.6厘米

现藏于济南市博物馆。

食器。侈口，束颈，浅鼓腹，双兽首耳带垂珥，四瘦长蹄形足。腹饰两道凸弦纹，腹内底铭文“乍旅簋”三字。此器使用时间较长，应属山西镜内出土。西周铜簋带四足者，极少见，此系西周中晚期器。

“匽侯”铜簋

西周（公元前1046—公元前771年）
口径17.7、底径15.5、高12.9厘米

现藏于济南市博物馆。

食器。侈口，束颈，鼓腹，圈足。两耳上为兽头，下有钩形垂珥，口沿下两周弦纹，中央有兽头突饰。圈足饰两周弦纹。腹内壁铭文“匽侯作姬承尊彝”二行七字。“匽”即“燕”，“匽侯”为西周燕国之君。

“膳夫吉父”铜鬲

西周（公元前1046—公元前771年）

口径16.8、高12厘米

现藏于济南市博物馆。

饪食器。宽平沿外折，束颈圆肩，浅腹略鼓，平裆，足半实，其下端作阔蹄形。腹与足相对应处各饰一扉棱，腹饰象首纹。鬲口沿平面铸铭文“善夫吉父作京姬尊鬲，其子子孙孙永宝用”十七字。

"齐叔姬"铜盘

春秋（公元前770—公元前476年）
口径46、底径36、高14.5厘米

现藏于济南市博物馆。

盥器。敞口，双附耳，浅腹，平底，矮圈足。腹饰蟠螭纹，间以涡纹，耳饰重环纹，足为垂鳞纹。盘内底铭文"齐叔姬作孟庚宝盘，其万年无疆，子子孙孙永受大福用" 四行二十二字。"叔姬"，乃鲁国国君之女，嫁为齐昭公夫人。此盘为齐国铸器，其制作年代当是昭公在位之时。

“元年闰”铜矛

战国（公元前475—公元前221年）
长11.4、宽2厘米

现藏于济南市博物馆。

兵器。器体细圆锥状，前锋较尖锐，骹口平，中空，有穿。三条窄长薄片凸棱，将器身分隔成三个小平面，其中一面的中间部位刻铭文“元年闰再十二月丙午关”十字。据目前所知，先秦古器铭中有“闰”字出现的，全国仅此一件。

“平阿右同”戟

战国（公元前475—公元前221年）
长27、宽10.4、厚0.8厘米

现藏于济南市博物馆。

兵器。援狭长锋利，有中脊。内刀形，三面刃，末端为斜刃，内上一穿。胡二穿，有铭文“平阿右，同戟”五字。“平阿”，为齐邑名。齐国有铭兵器较少见，此为其中之一。

“黄戟”

战国（公元前475—公元前221年）
长26.8、宽11、厚0.8厘米

现藏于济南市博物馆。

援较长，中间起脊，内刃形上翘，上下皆有刃，内上一穿。胡三穿，有铭文“黄戟”二字。“黄”为地名，先秦“黄”地有多处，此为齐国“黄”地。

三足铜盘

战国（公元前475—公元前221年）
口径36.5、高13.5厘米

现藏于平阴县博物馆。

盛器。圆形浅腹，直口平底，口上有直立上端外折两耳，耳中有方形孔。腹下有三条兽形足。

驻铭铜立马

战国（公元前475—公元前221年）
长15、高15厘米

现藏于平阴县博物馆。

呈束尾昂首立姿，造型精美生动，身饰卷云纹。腹下部有大篆铭文“驻”字

雁足铜灯

汉（公元前 206—220 年）
口径 12.2、通高 23.7 厘米

现藏于章丘博物馆。

灯盘为圆形，直口，平底，内饰有一个锥形烛柱，便于固定蜡烛，盘底中心为雁足形柄，雁足三趾向前，一趾在后立于盘形灯座上，造型敦厚美观。

铜鐎斗

汉（公元前 206—220 年）
直径 25、高 12 厘米

现藏于商河县文物管理所。

龙首风尾，兽形三足，素面，深腹，圆唇口沿外侈。腹部有四道弦纹，行间不一。

四乳四虺铜镜

西汉（公元前206—公元8年）
直径11.76、厚0.5厘米

现藏于济南市博物馆。

圆座外放射两组斜线纹，间饰两组弦纹及一周凸宽弦纹圈。两组短斜线纹圈带内为四乳与四虺纹相间环绕的主体纹饰，四乳带圆座，四虺成钩形躯体，两端同形，在身躯内外侧各有一只羽鸟纹饰。素宽平缘。镜面漆黑透亮，光滑照人。

龙形柄铜鐎斗

晋（265—420年）
长30.8、高20.4厘米

现藏于章丘博物馆。

鐎斗。三足有柄，柄首为龙头状。兽形足。流行于两汉魏晋，至唐宋逐渐消失。

长柄香炉

北朝（386—581 年）
通长 39.2、柄长 27.5、高 8.5 厘米

现藏于章丘博物馆。

圆形，宽平沿，腹渐收，平底。莲花形器座，座上有孔。鹊尾形柄，柄首饰二铜泡。

金银平脱铜镜

唐（618—907 年）
直径 19、厚 0.85 厘米

现藏于济南市博物馆

镜六瓣形，圆钮，钮周围饰金片六出重瓣纹，每瓣为三重。其外为六个银片心形纹中套金片宝相纹，心形纹之间缀金片瓣纹。窄平素镜缘。此镜唐代墓葬出土，墓主人唐右威卫左中侯项承晖系“故赠使持节临淮诸军事临淮太守之次子，贵妃之令弟，公主之季舅”。

管军总管府印

元（1271—1368 年）
印面长 8.5、印面宽 8.4、高 8.5 厘米

现藏于济南市博物馆。

方形印，长方形扁钮。印面为朱文九叠篆书“管军总管府印”。印背右刻“管军总管府印”，左刻“中书礼部，龙凤五年十月日”。元末至正十五年（1355 年），红巾军建立农民政权，国号宋，改元龙凤，史称龙凤政权。

绳耳三足铜香炉

明（1368—1644 年）
口径 11.6、高 12 厘米

现藏于济南市博物馆。

直口，平沿，两立形绳耳，束颈，圆鼓腹，分裆，三乳足。炉底楷书款识："大明宣德年制"。

贴金铺首罐式铜炉

明（1368—1644 年）
口径 11.05、高 9.2 厘米

现藏于济南市博物馆。

敛口，圆唇，鼓腹斜收成平底，小圈足。腹饰两兽首铺首，器表深茶叶末色，贴有大小不等的赤金片，极似笺纸上的洒金，金光灿然。两铺首及口唇处均鎏金，外底正中有扁方形阳文“大明隆庆年制”楷书六字款识。

本部分展现的主要是济南市博物馆和原济南市文物店所藏明清时期的书法作品。原市文物店建店数十年来致力于古代书画作品的征集，市博物馆收藏的明清书画数量和质量在全省公立博物馆也名列前茅。解缙《草书》轴，结体严谨，纵敛有度，用笔圆滑纯熟，中锋劲挺。通幅巧于谋划，神气自倍。徐渭《行书诗》册，势若篆籀，体若飞动。

明中期主导书坛的“吴门三家”祝允明、文徵明、王宠，小楷书独步一时；运笔狂纵奔放，不拘绳墨的草书，也形成风气。张弼的草书笔法变化丰富，笔势跌宕。文徵明《行书》轴结构严谨，功力坚实。邢侗草书矫健峻爽，茂密森郁；张瑞图《行书》轴，用笔多以直入平出的侧锋而又不软弱，方硬的折笔有所淡化；米万钟行书婉转流畅，古拙苍朴，与董其昌并称“邢、张、米、董”。

清代以来，各种书体相互汲取交融，标新立异，纷创新格。王铎《行书》以沉雄顿挫为体，以飞动变化为用，气势雄浑撼人。傅山《草书》用笔寓生涩于流畅，狂肆真率，婉转连绵。郑簠《隶书》方整寓圆，高低错落。郑燮《行楷》，用笔俊俏秀润，沉着飘逸，结体欹斜夸张，气韵清新活泼，无论在结体、章法、用笔方面均不失为郑燮书作中的精品。晚期的刘墉墨浓势厚、雍容端庄，为清代“四大书法”家之一。众多的书法家成就了清以后书坛的纷呈和繁荣，影响深远。

書法

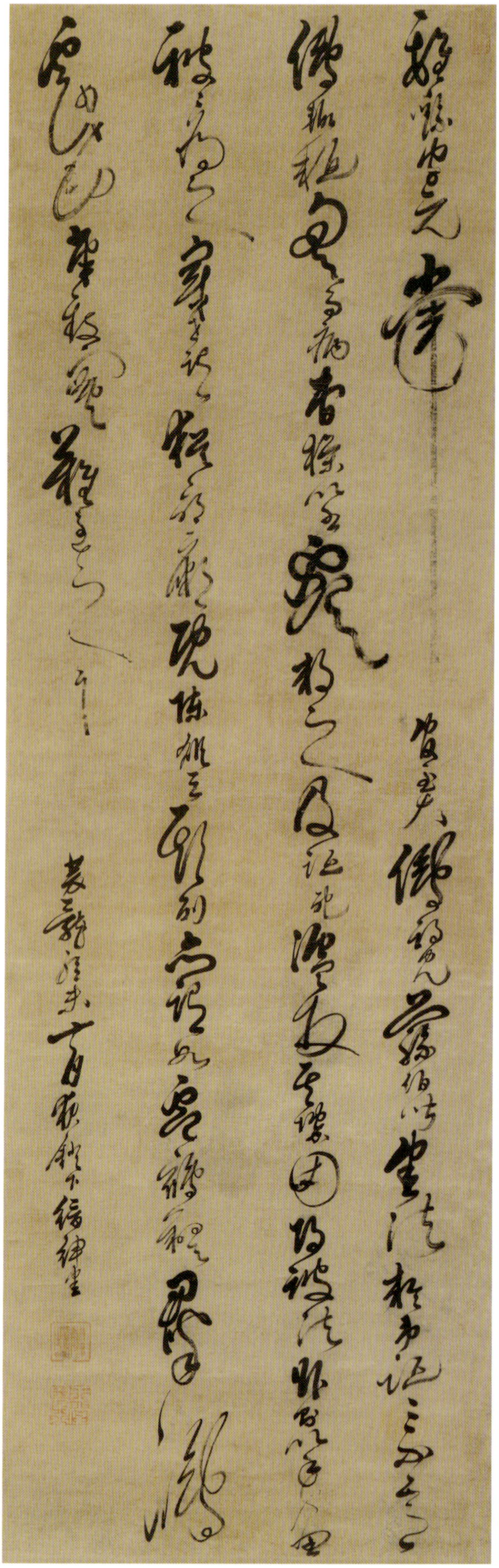

解缙《草书》轴

明（1368—1644 年）

纸本　纵 203、横 63 厘米

现藏于济南市博物馆。

解缙（1369—1415 年），字大坤、缙坤，号春雨。江西吉水人。此幅草书结体严谨，纵敛有度，字大小错落，傲让相缀。用笔圆滑纯熟，中锋劲挺。连字与独字穿插灵妙，行距疏阔。通幅巧于谋划，神气自倍。钤印两方。癸未为永乐元年，即 1403 年，时年解缙 35 岁。

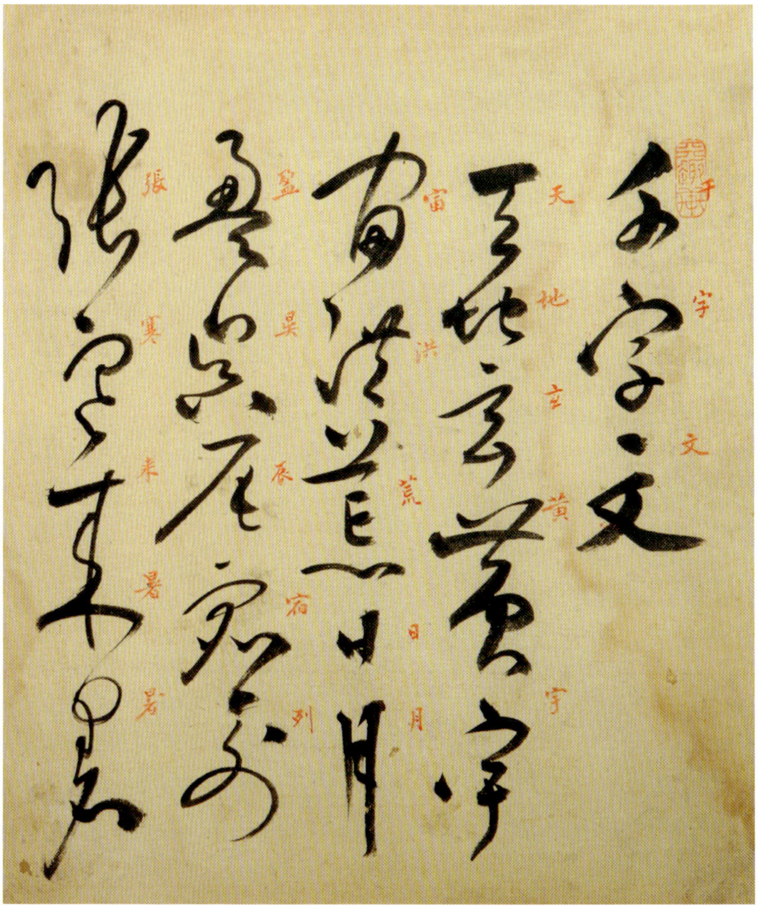
千 字 文
天 地 玄 黃 宇
宙 洪 荒 日 月
盈 昃 辰 宿 列
張 寒 來 暑 往

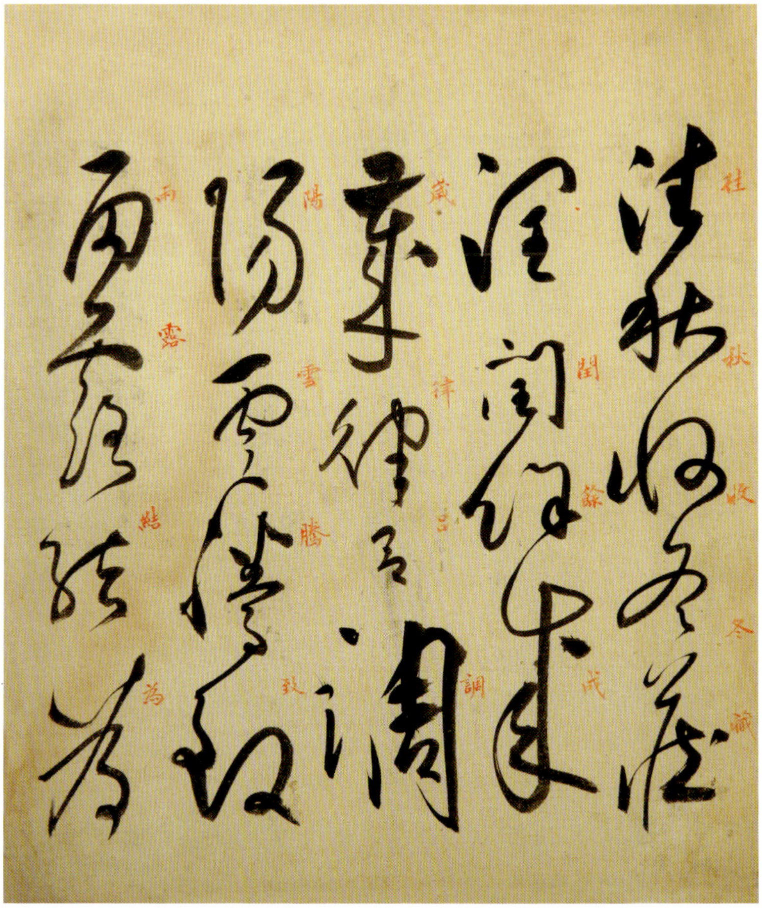
往 秋 收 冬 藏
閏 餘 成
歲 律 呂 調
陽 雲 騰 致
雨 露 結 為

张弼《草书千字文》册

明（1368—1644 年）

纸本　纵 35.5、横 30.8 厘米

现藏于济南市博物馆。

张弼（1425—1487 年），字汝弼，号东海。上海松江人。成化二年（1466 年）进士。此册草书结体规范，章法荒率，笔法变化丰富，笔势跌宕。字形的欹正、大小，行笔的疏密、轻重，都在有限的空间中得到了充分的发挥和表现。是张弼晚年的草书佳作。钤印二方。乙巳为成化二十一年，即 1485 年，时年张弼 61 岁。

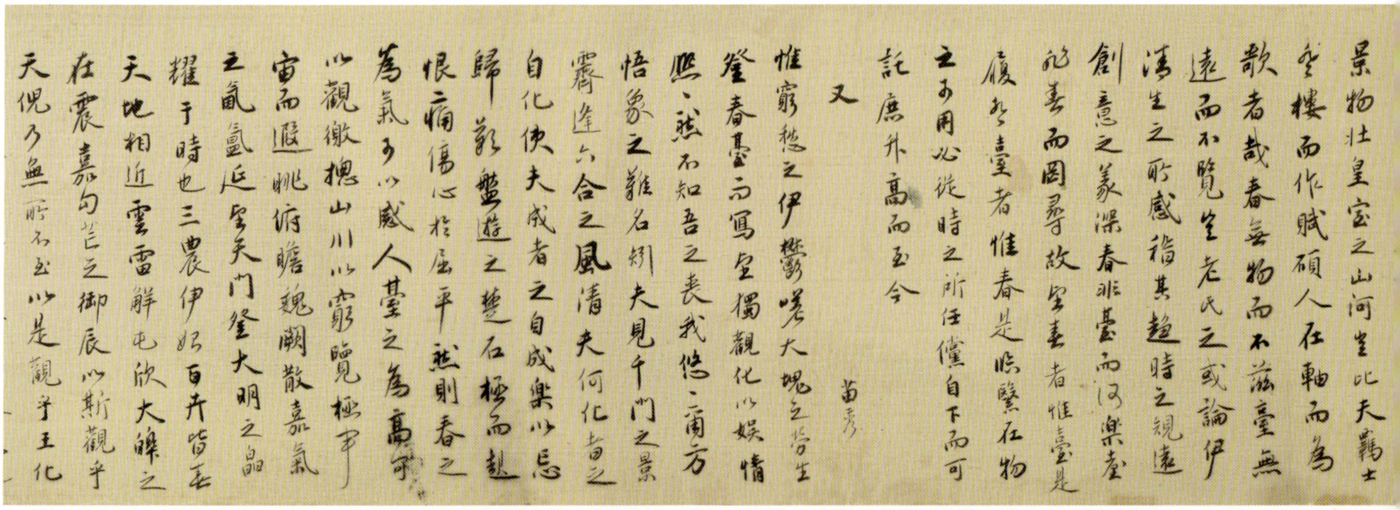

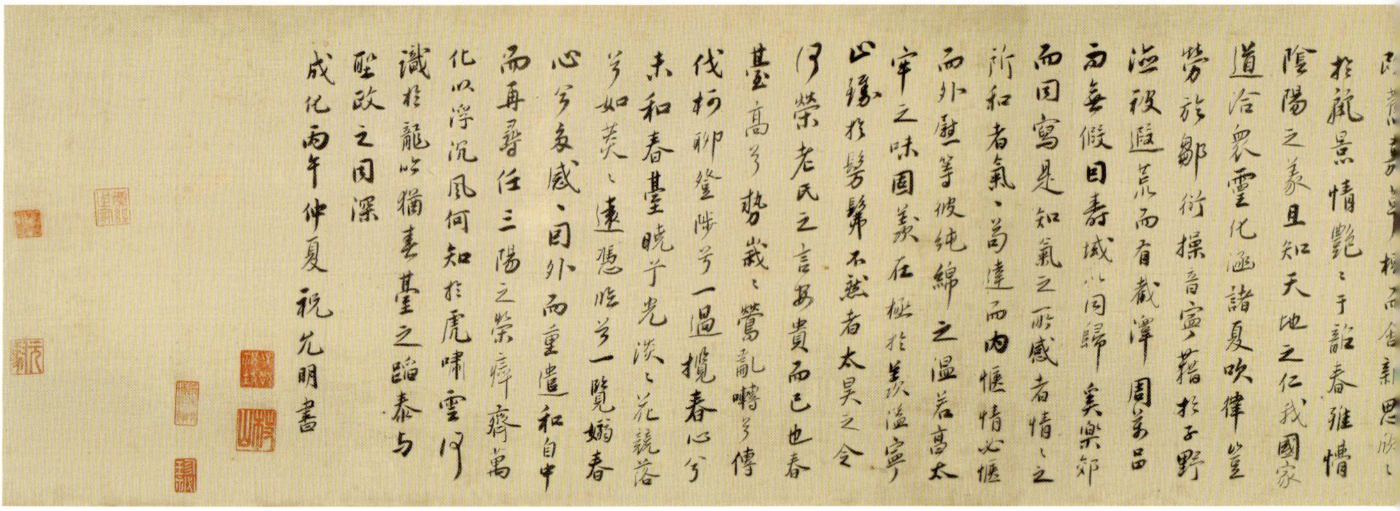

祝允明《行书春台赋》卷

明（1368—1644年）
绢本　纵394、横30厘米

现藏于济南市博物馆。

祝允明（1460—1526年），字希哲，号枝山、枝指生，世称“祝京兆”。江苏苏州人。此卷用笔、结体、取势都具有动人的视觉效果。令人惊叹祝允明早期书法具有的坚实功力。自识：“成化丙午仲夏，祝允明书”。钤印三方。丙午为成化二十二年，即1486年，时年祝允明27岁。

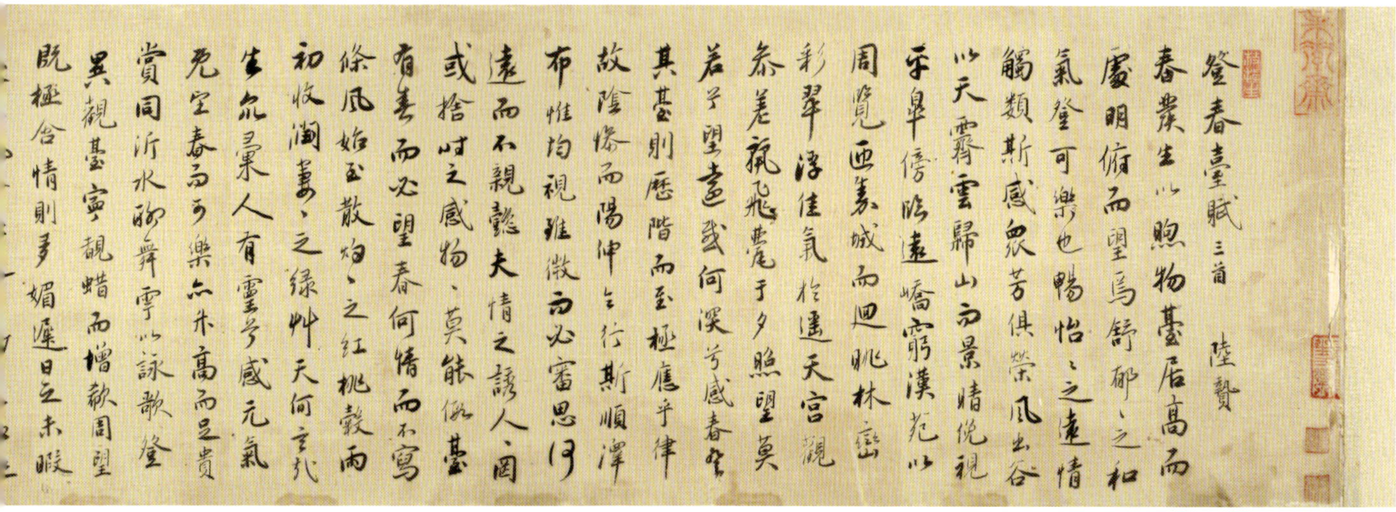
登春臺賦 三首
陸贄

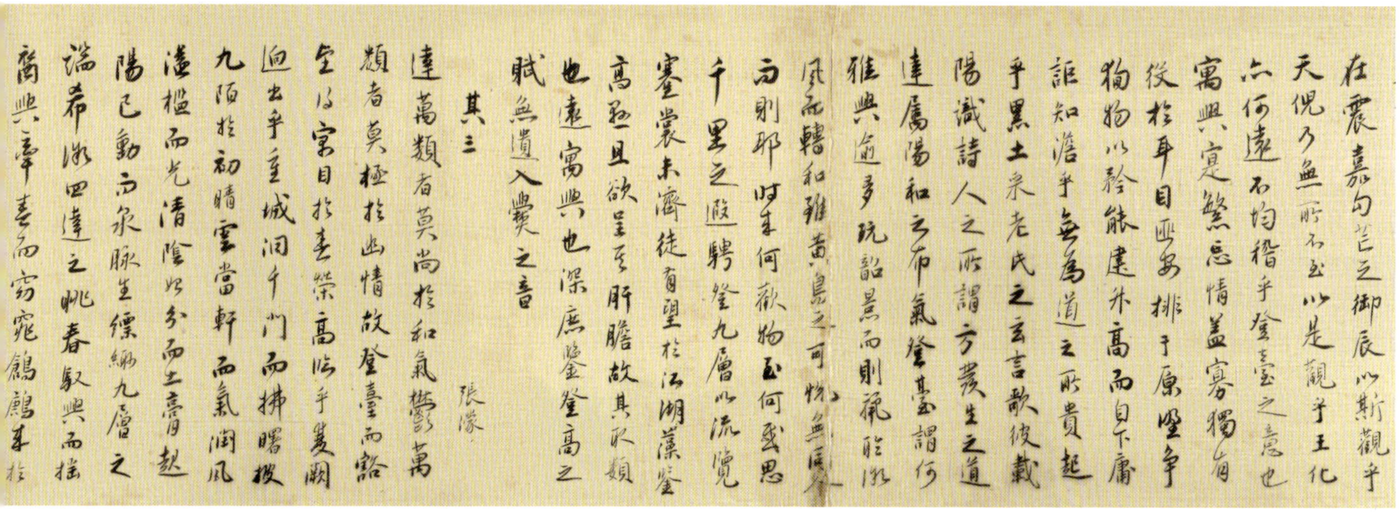

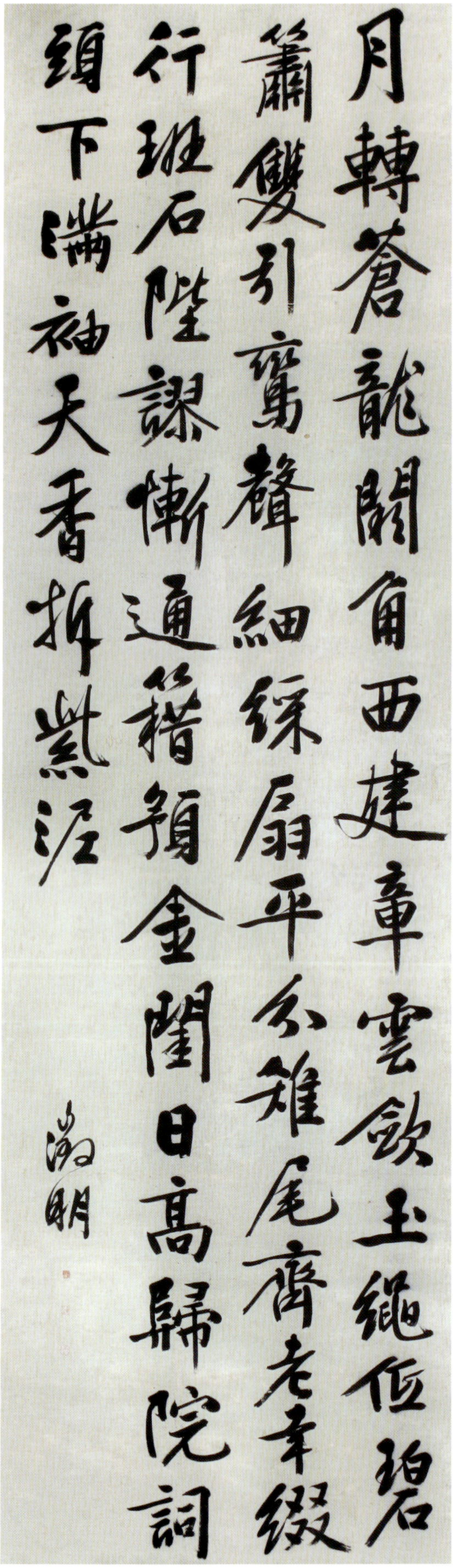
月轉蒼龍闕角西建章雲斂玉繩低碧
簫雙引鸞聲細綵扇平分雉尾齊老幸綴
行班石陛謬慚通籍預金閨日高歸院詞
頭下滿袖天香拆紫泥
徵明

文徵明《行书》轴

明（1368—1644 年）
纸本　纵 342、横 101 厘米

现藏于济南市博物馆。

文徵明（1470-1559 年），初名壁，后以字行，又改名字征仲，号衡山居士。文徵明是明代中叶多才多艺的书画家，观此作品，结构严谨，横撇左舒，捺画右展，看似规矩、森严却无板滞之感，其劲健扎实的运笔，显示出特有的书法美感。

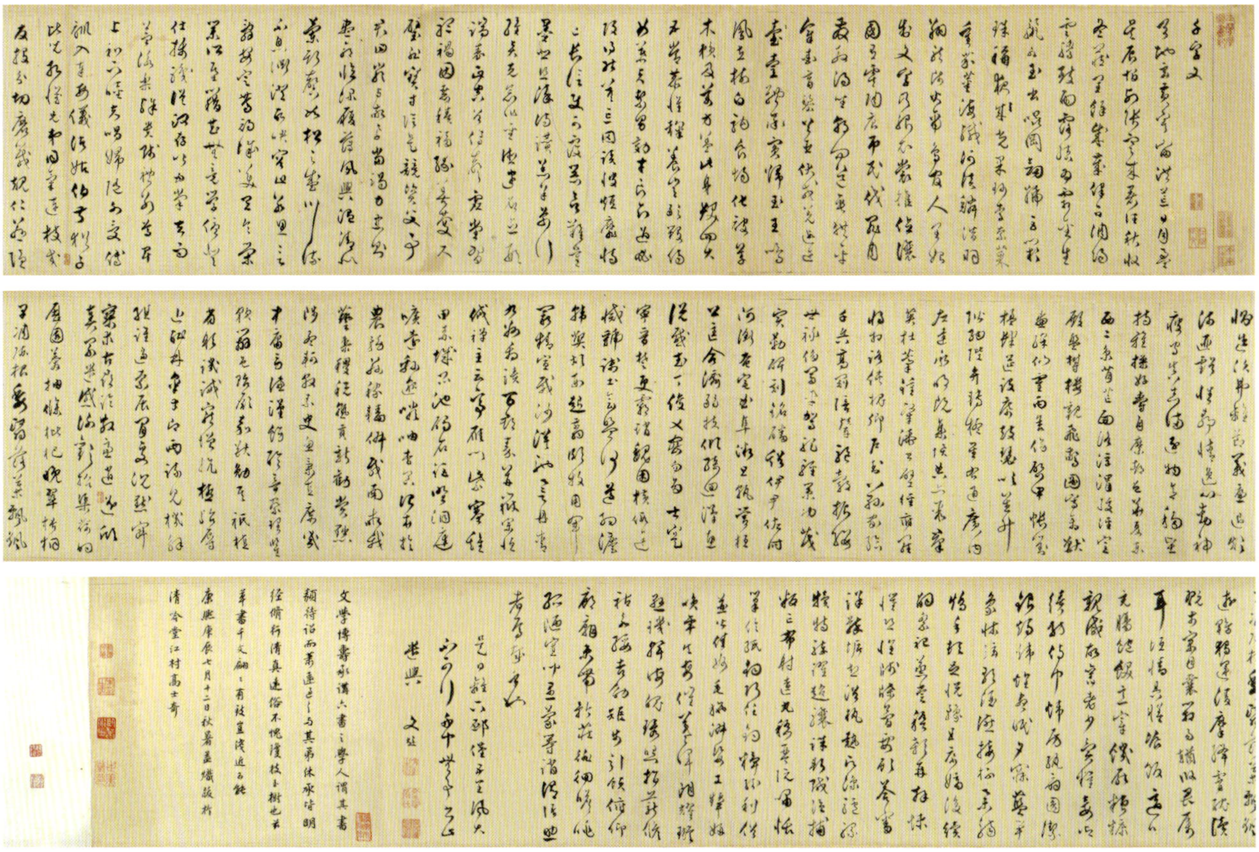

文彭《草书千字文》卷

明（1368—1644 年）
纸本　纵 375、横 27 厘米

现藏于济南市博物馆。

文彭（1498—1573 年），字寿承，号三桥。江苏苏州人。文徵明长子。善书画，尤工草、隶。精篆刻，开吴门一派，后人亦称“三桥派”。此卷草书结体灵秀萧散，用笔方圆兼施，重按巧提，行滞自如，给人以“志气和平，不激不励，而风规自远”的老成感觉。钤印三方。卷尾有后人高士奇署跋。

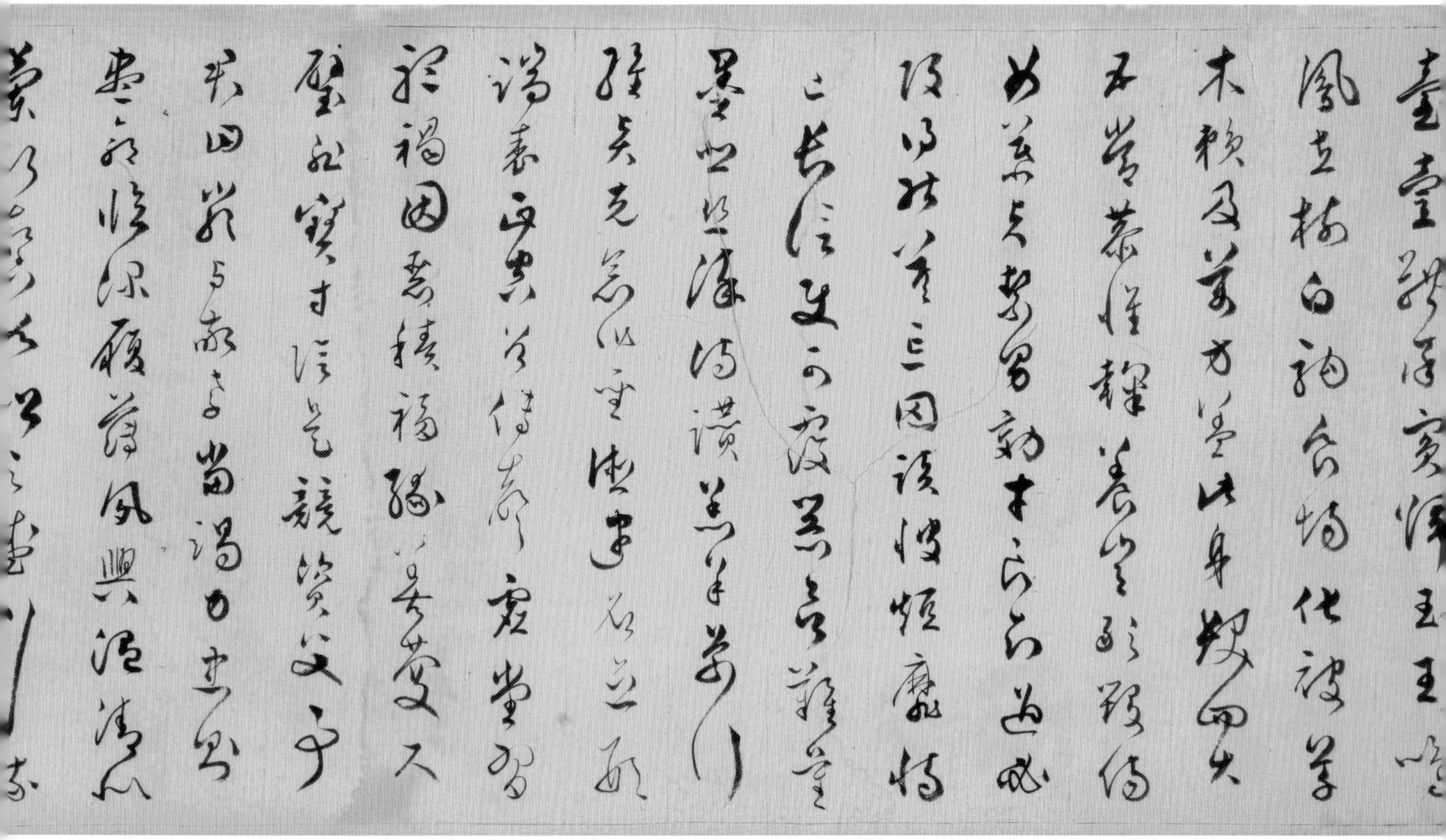

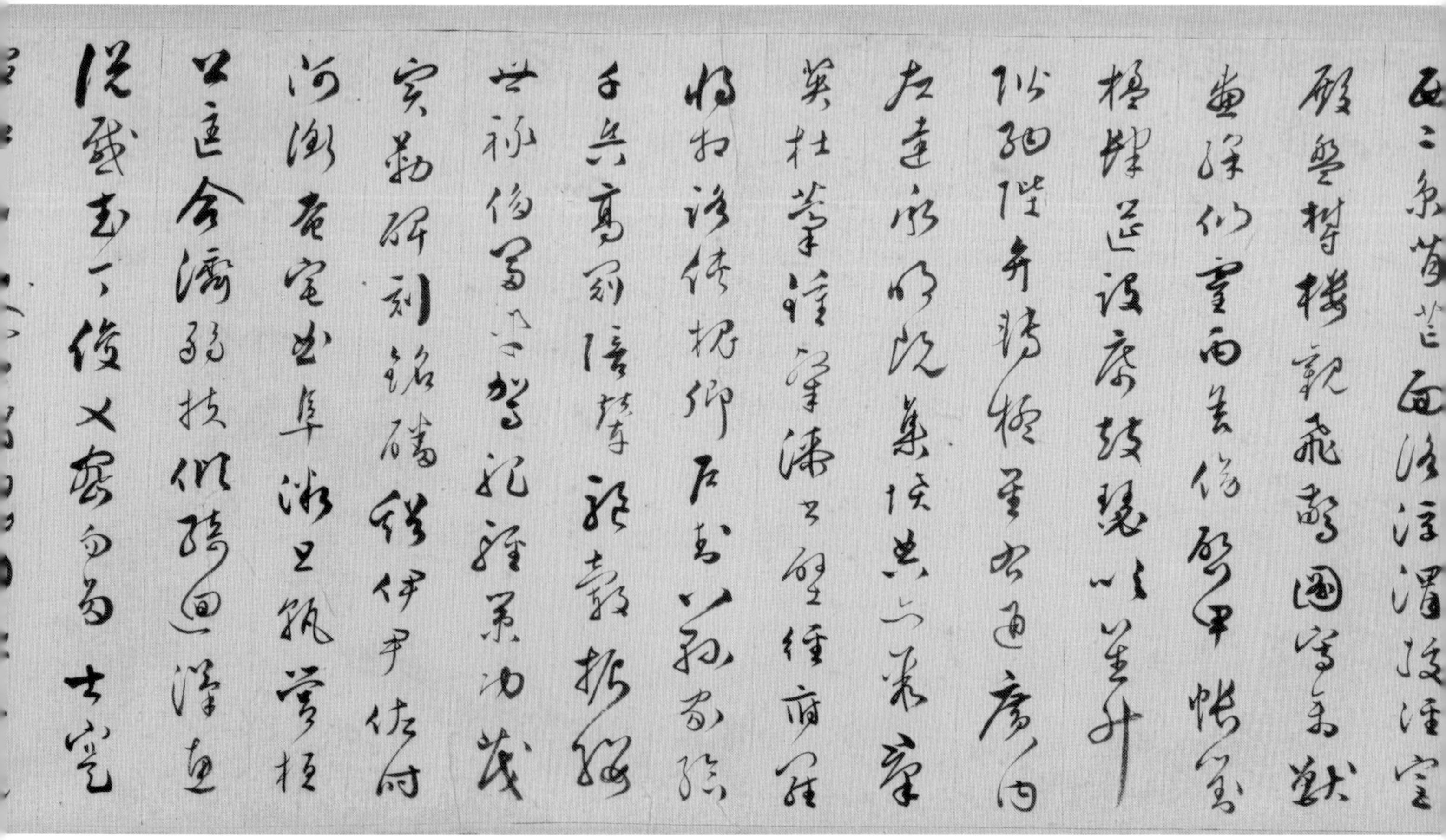

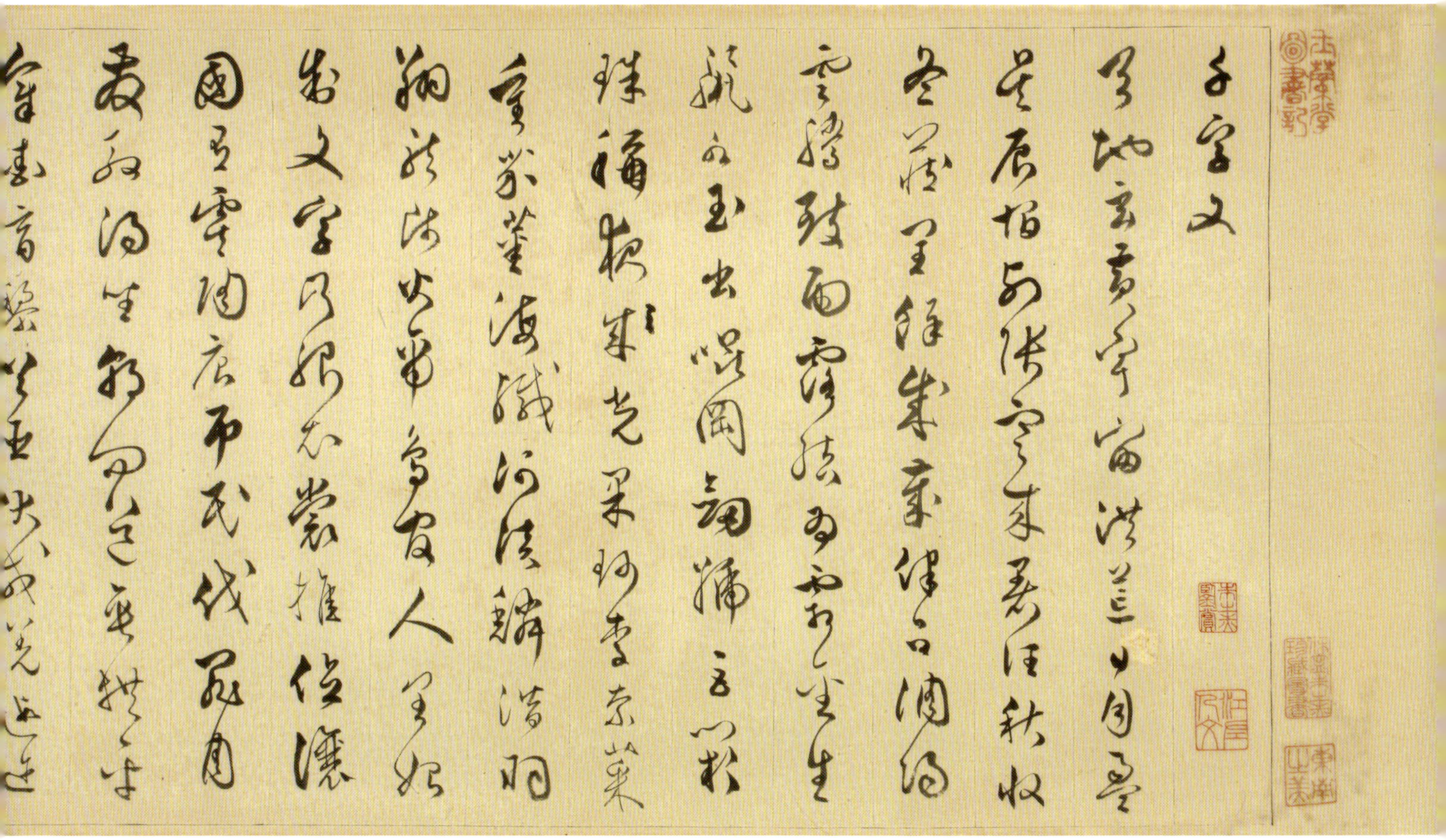
千字文
天地玄黄宇宙洪荒日月盈
昃辰宿列张寒来暑往秋收
冬藏闰余成岁律吕调阳
云腾致雨露结为霜金生
丽水玉出昆冈剑号巨阙
珠称夜光果珍李柰菜
重芥姜海咸河淡鳞潜羽
翔龙师火帝鸟官人皇
始制文字乃服衣裳推位让
国有虞陶唐吊民伐罪周
发殷汤坐朝问道垂拱平
章爱育黎首臣伏戎羌遐迩

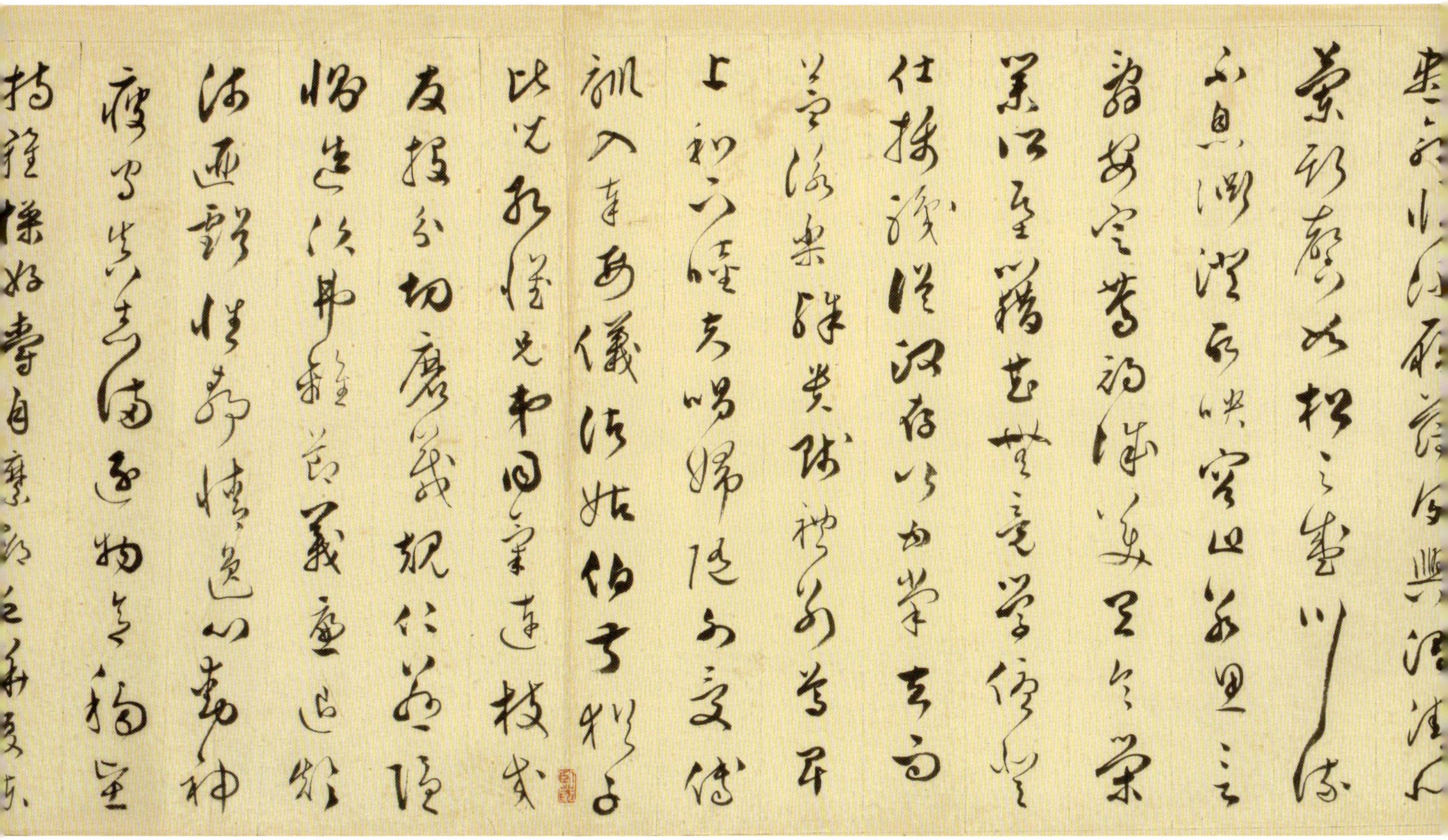
夙兴温凊似
兰斯馨如松之盛川流
不息渊澄取映容止若思言
辞安定笃初诚美慎终宜令
荣业所基籍甚无竟学优登
仕摄职从政存以甘棠去而
益咏乐殊贵贱礼别尊卑
上和下睦夫唱妇随外受傅
训入奉母仪诸姑伯叔犹子
比儿孔怀兄弟同气连枝
交友投分切磨箴规仁慈隐
恻造次弗离节义廉退颠
沛匪亏性静情逸心动神
疲守真志满逐物意移坚
持雅操好爵自縻都邑华夏东

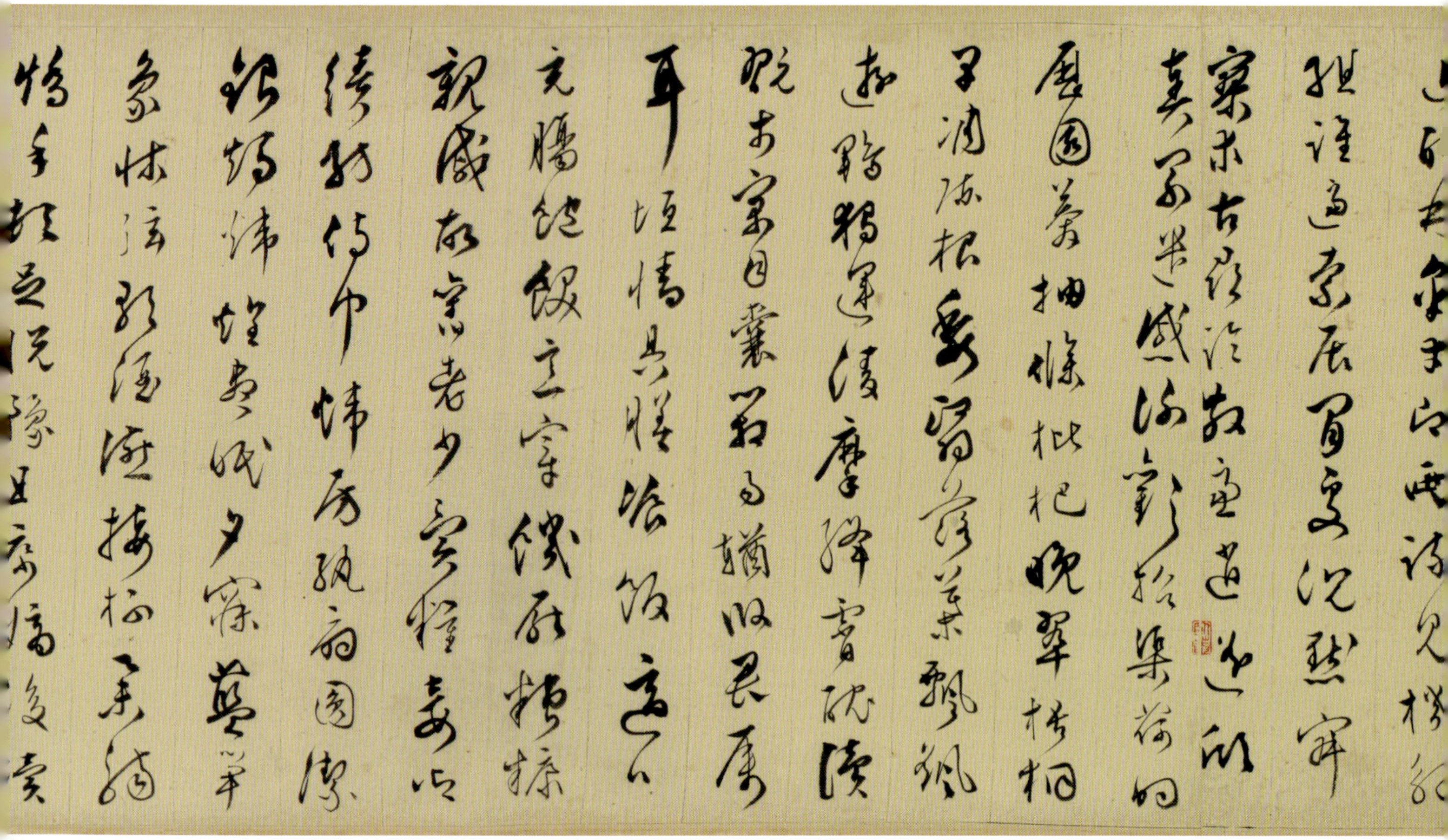

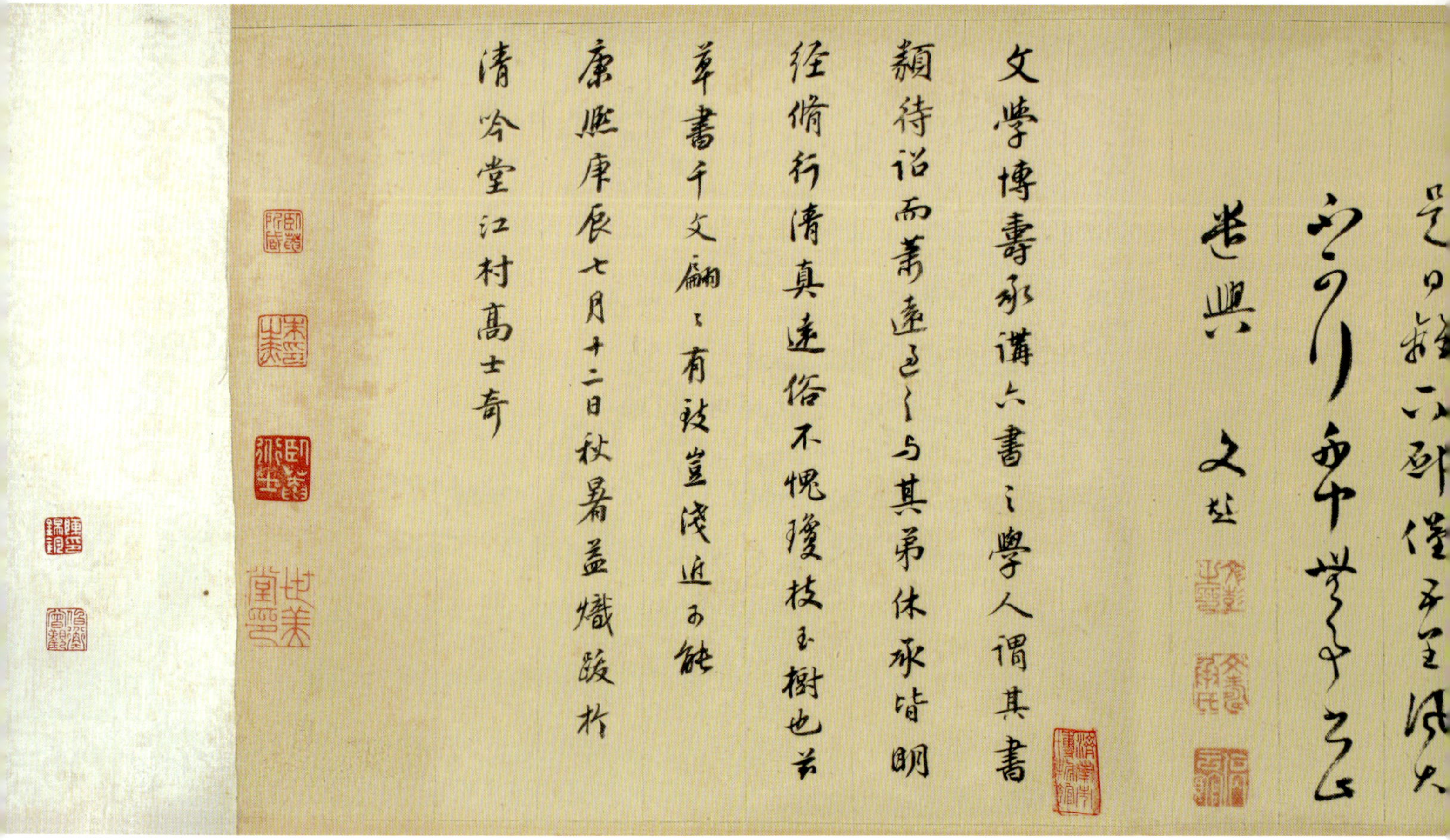
文學博壽承講六書之學人謂其書
顏待詔而書遠過之與其弟休承皆明
經脩行清真遠俗不愧瓊枝玉樹也若
草書千文翩翩有致豈淺近可能
康熙庚辰七月十二日秋暑盛熾跋於
清吟堂江村高士奇

晉楚更霸趙魏困橫假途
滅虢踐土會盟何遵約法
韓弊煩刑起翦頗牧用軍
最精宣威沙漠馳譽丹青
九州禹跡百郡秦并嶽宗恒
岱禪主云亭雁門紫塞雞
田赤城昆池碣石鉅野洞庭
曠遠綿邈巖岫杳冥治本於
農務茲稼穡俶載南畝我
藝黍稷稅熟貢新勸賞黜
陟孟軻敦素史魚秉直庶幾
中庸勞謙謹敕聆音察理鑒
貌辨色貽厥嘉猷勉其祗植
省躬譏誡寵增抗極殆辱

矯手頓足悅豫且康嫡後續
嗣祭祀烝嘗稽顙再拜悚
懼恐惶牋牒簡要顧答審
詳骸垢想浴執熱願涼驢
騾犢特駭躍超驤誅斬賊捕
獲叛亡布射遼丸嵇琴阮嘯恬
筆倫紙鈞巧任釣釋紛利俗
並皆佳妙毛施淑姿工顰妍
笑年矢每催曦暉朗曜璇
璣懸斡晦魄環照指薪修
祜永綏吉劭矩步引領俯仰
廊廟束帶矜莊徘徊瞻眺
孤陋寡聞愚蒙等誚謂語助
者焉哉乎也

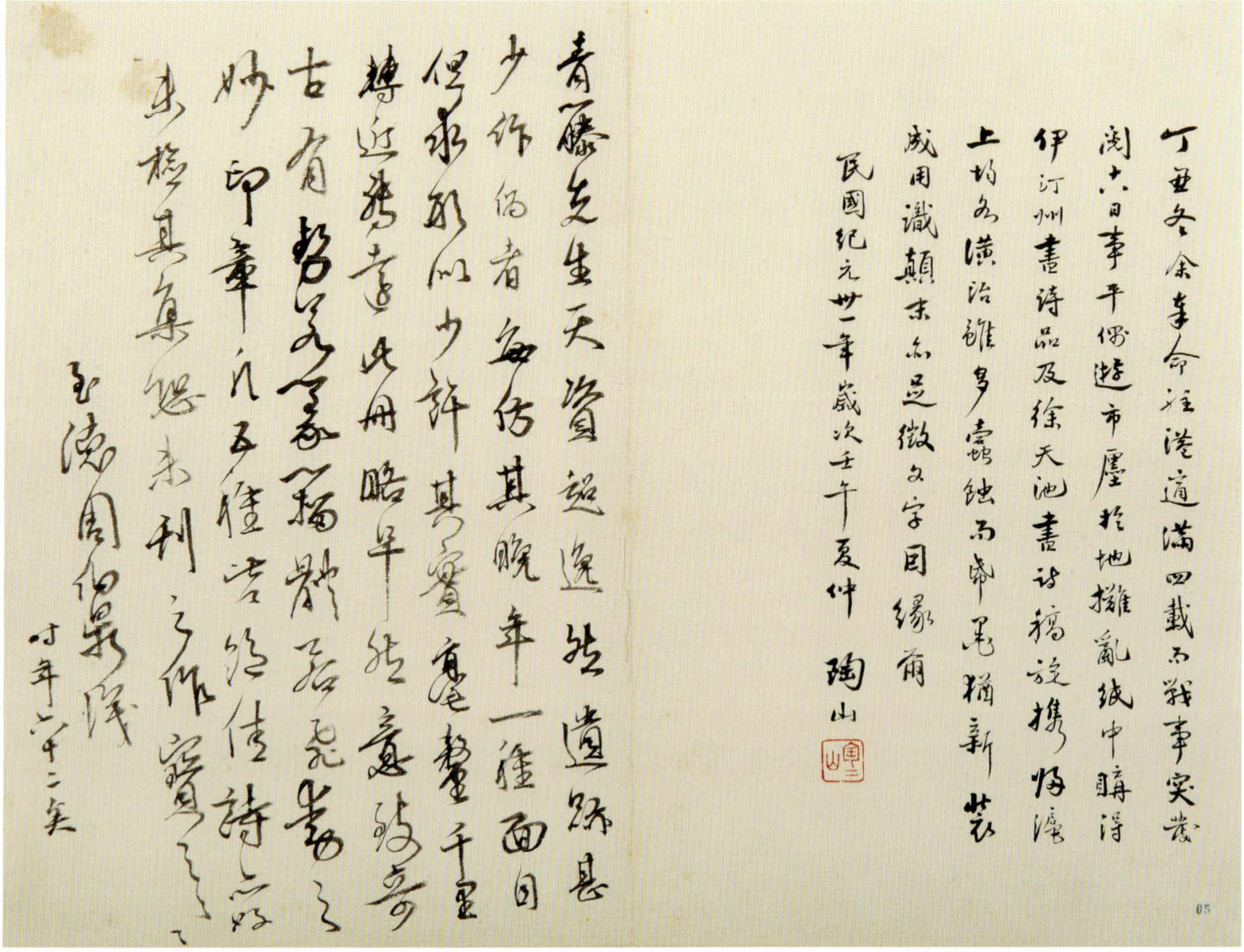

徐青藤詩稿真蹟
壬午夏裝
陶山署

徐渭《行书诗》册

明（1368—1644年）
纸本　纵30、横19.5厘米不等

现藏于济南市博物馆。

徐渭（1521—1593年），初字文清，改字文长，号天池、田水月、青藤道人。浙江绍兴人。书以狂草著。于诗文、戏曲、杂剧颇有建树。著有《徐文长文集》、戏曲论著《南词叙录》、杂剧《四声猿》等。此册内容为自作诗。自识："青藤子"、"天池山人"、"青藤子书"、"徐渭"。钤印五方。

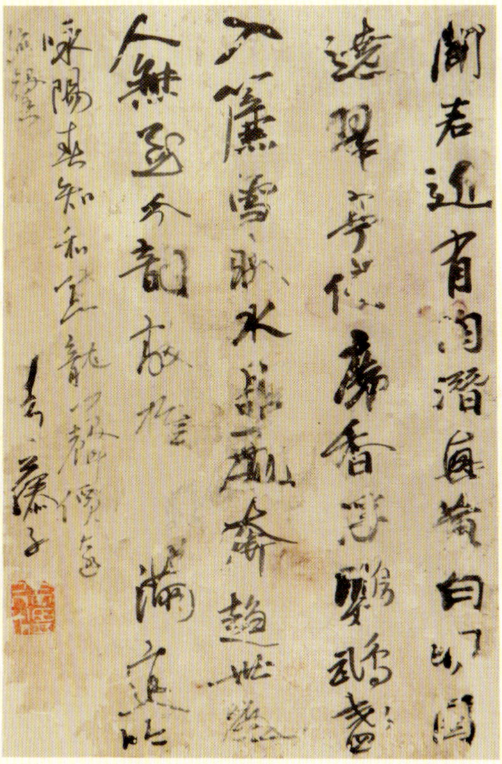

闻君近有陶潜兴黄白□□远翠亭□扉人浮鹅鹚羞入箫雪映水晶楼嘉趣世缘人
无不分韵敲推□满庭吟咏阳春和秋□龙门声价远流馨

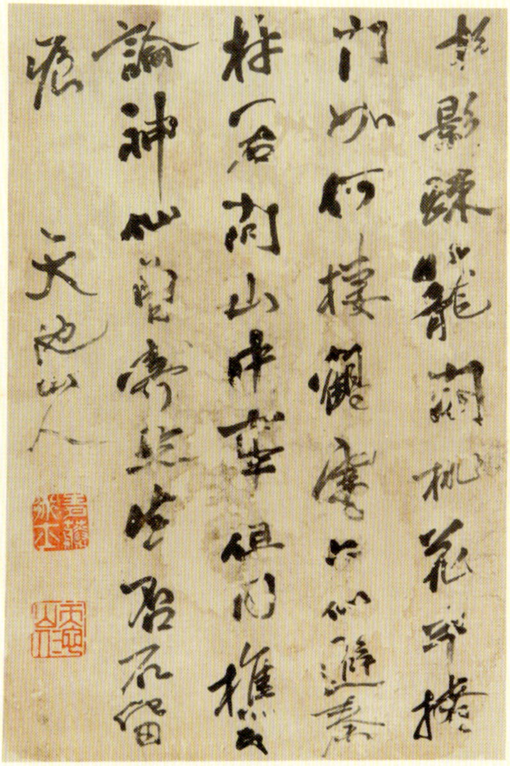

梅影疏花閒桃花□掩门如何楼鹤处不似避秦村莫问山中事似同棋者论
神仙曾寄足知君石为痕

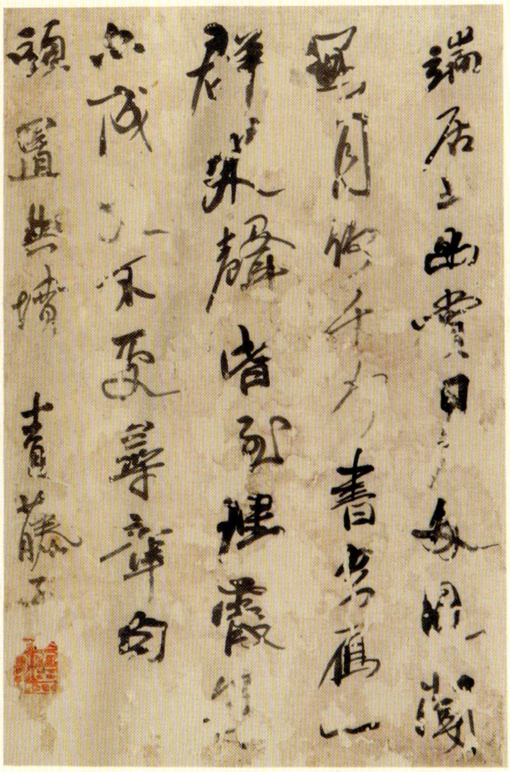

端居□幽赏日夕多见闲写月行千□书出雁一群□静看云□霞□不成文
不更寻章句□头置典坟

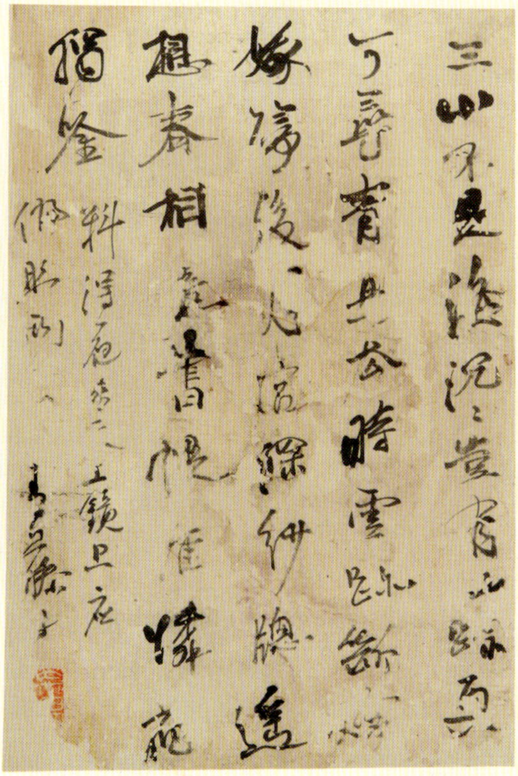

三山不见海沉沉岂有山踪更可寻青鸟专时云路断嫦娥归后月宫深纱窗还
想春相□书幌谁怜夜独吟料得夜□金镜上只应偏照两□□

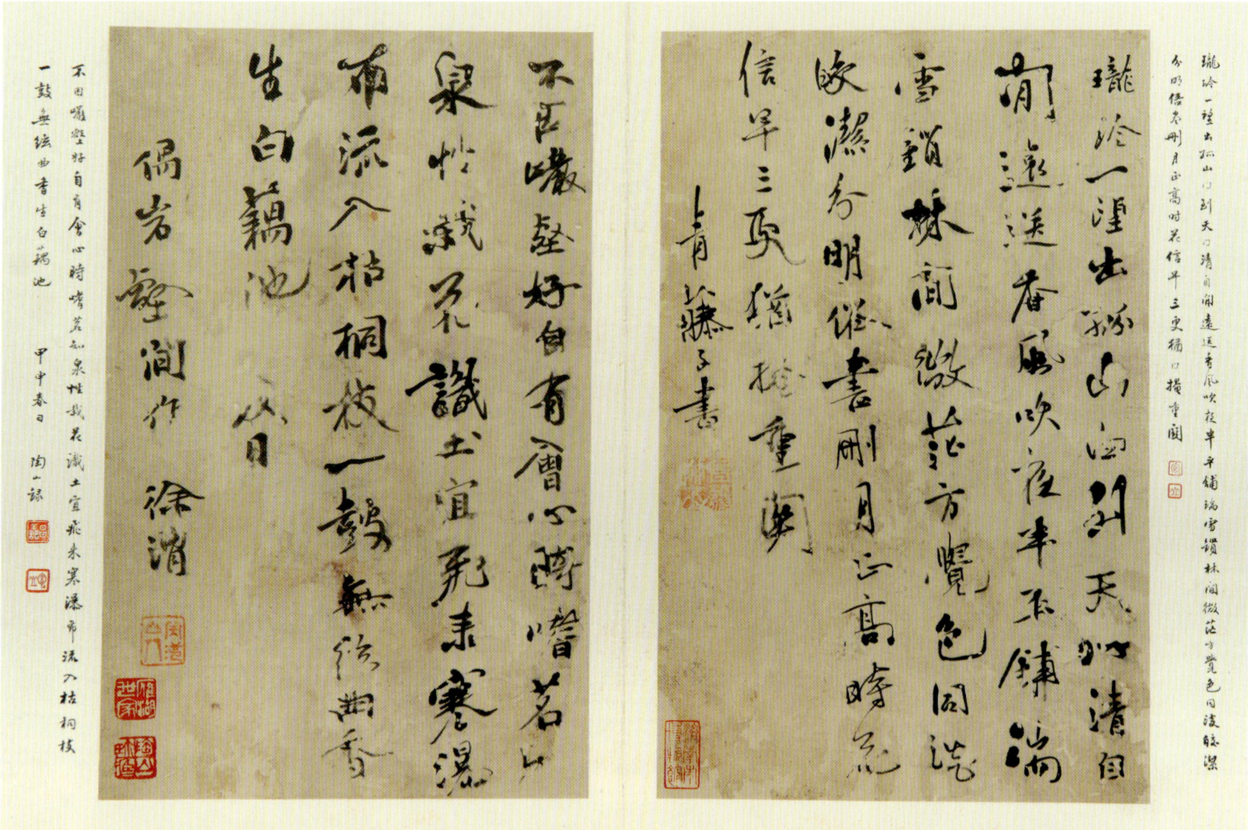
青藤書
徐渭

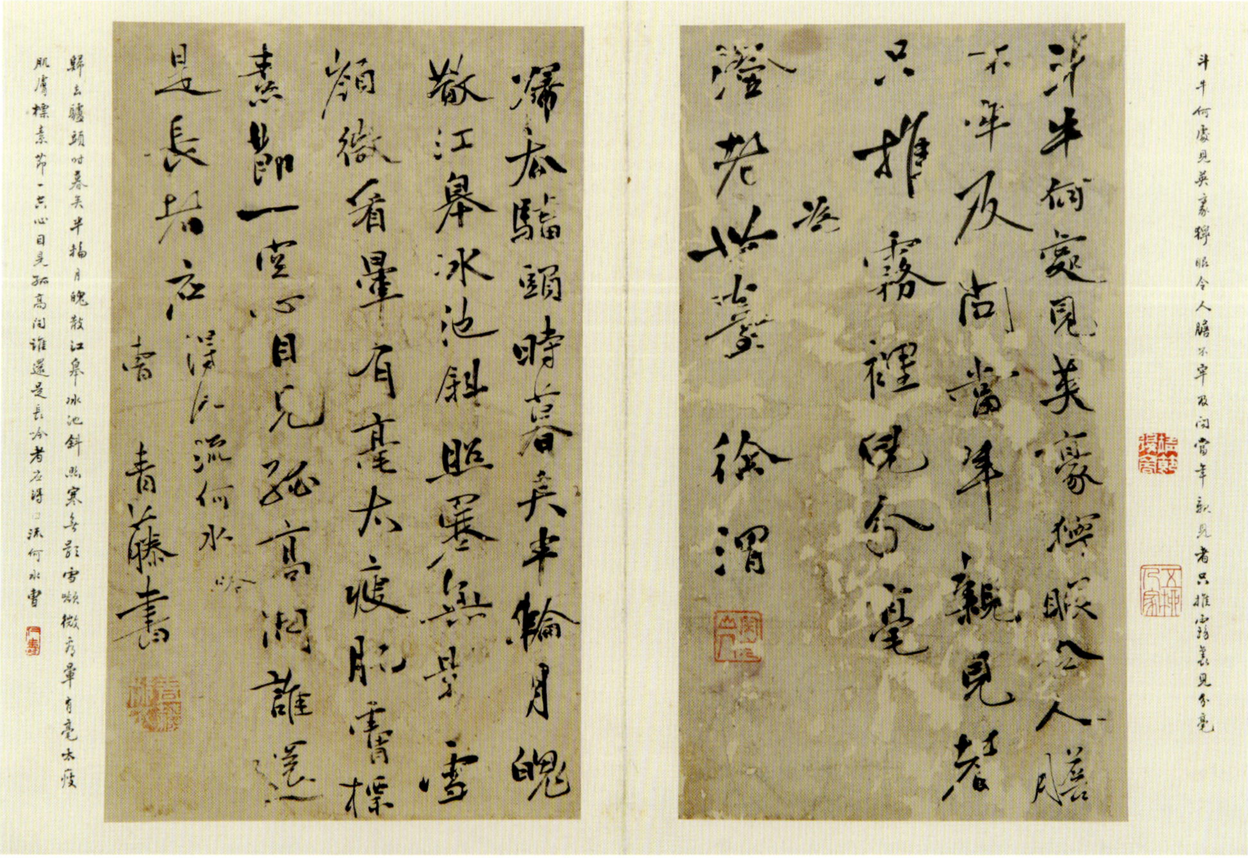
青藤書
徐渭

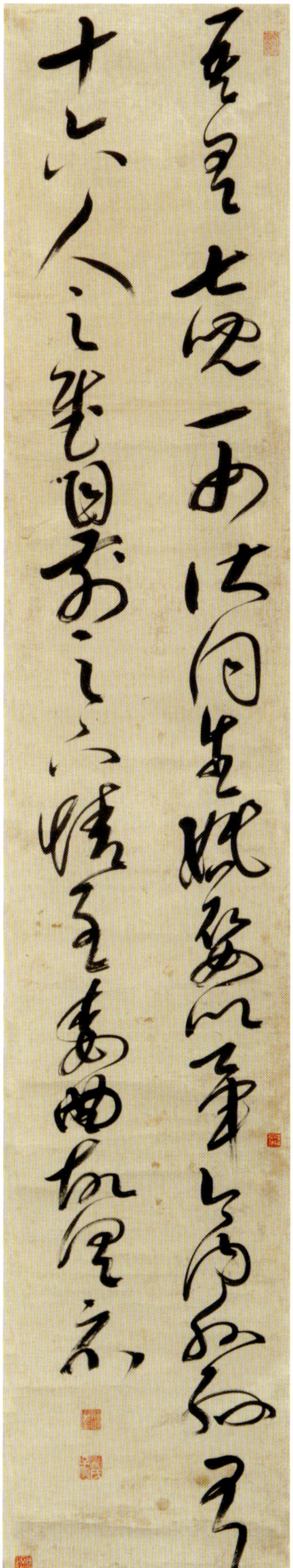

邢侗《草书》轴

明（1368—1644年）
纸本　纵168.5、横31厘米

现藏于济南市博物馆。

邢侗（1551—1612年），字子愿，山东临邑人。万历二年（1574年）进士。书法师王羲之，极为海内所珍。时与米万钟、张瑞图、董其昌并称“邢、张、米、董”，又曰：“南董北邢”。此幅草书用笔矫健峻爽，茂密森郁。通幅给人果断、迅速，上下呼应自然的感觉。钤印二方。

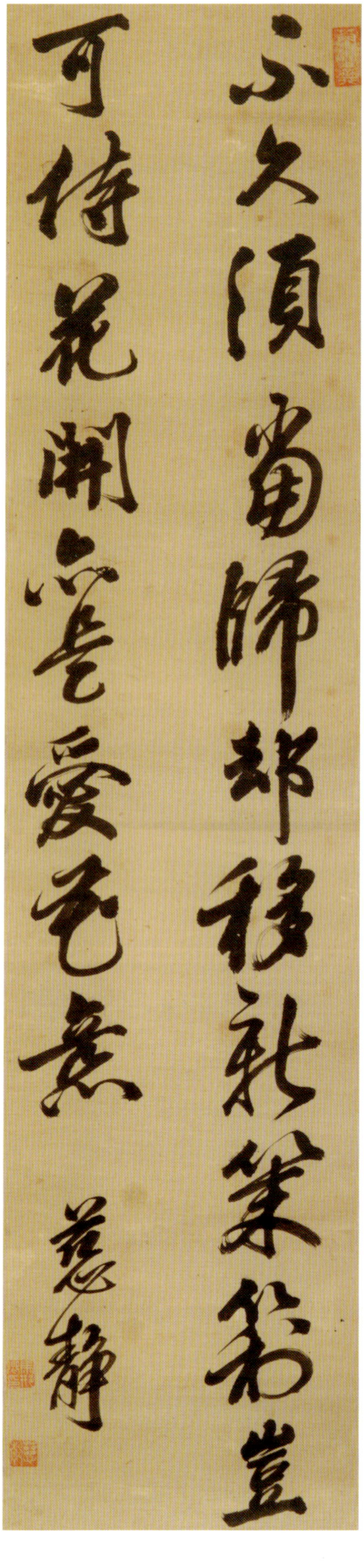

邢慈静《行书》轴

明（1368—1644 年）

纸本　纵 122.5、横 29.5 厘米

现藏于济南市博物馆。

邢慈静，山东临邑人。邢侗之妹，贵州布政使马拯之妻。明代女书法家。工诗，善画，精于白描花卉与佛像人物，又以刺绣精湛绝伦，名重于世。著有《非非草》。此幅行书自然流畅，秀美之气中透露着稚拙之姿。钤印两方。

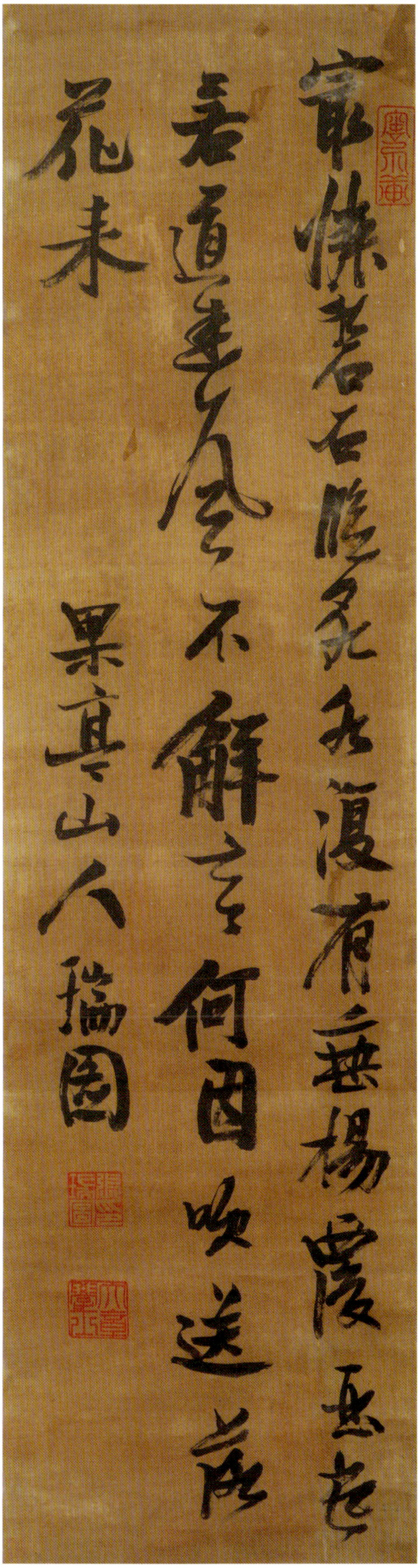

张瑞图《行书》轴

明（1368—1644 年）
绢本　纵 173、横 47 厘米

现藏于济南市博物馆。

张瑞图（1570—1644 年），字长公，号二水、白毫庵主，晚称果亭山人。福建晋江人。万历三十五年（1607 年）进士。善画山水，尤工书。时与邢侗、米万钟、董其昌并称“邢、张、米、董”。著有《白毫庵集》。此幅行书用笔多以直入平出的侧锋而又不软弱，方硬的折笔有所淡化，是张瑞图行书的一佳作。钤印三方。

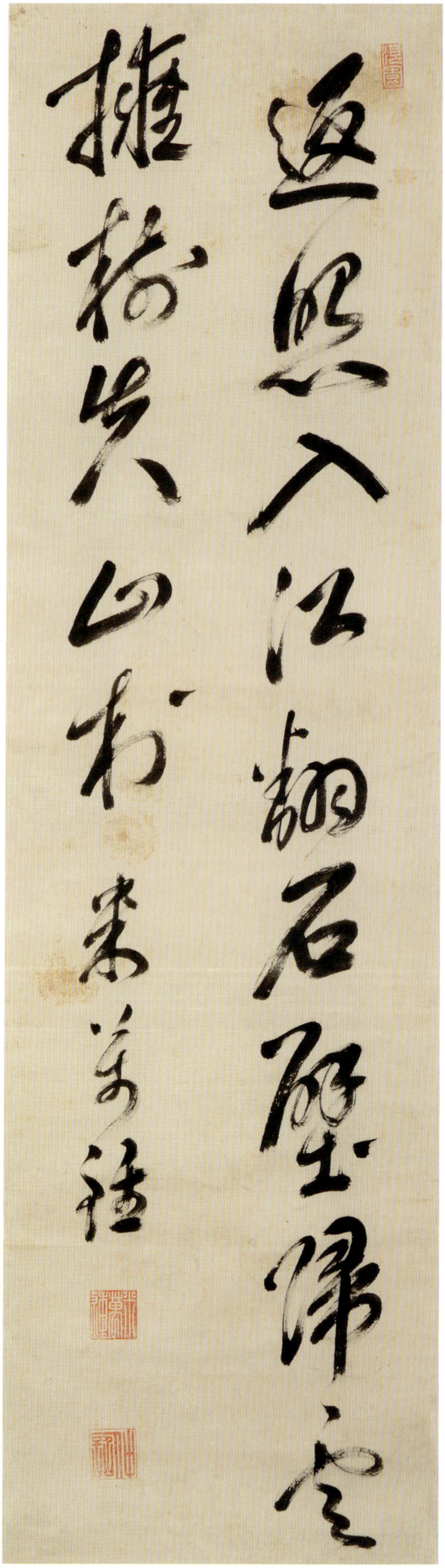

米万钟《行草书》轴

明（1368—1644 年）

纸本　纵 165、横 47.5 厘米

现藏于济南市博物馆。

米万钟（1570—1628 年），字仲诏，号友石、湛园。陕西安化人，后迁居北京。自称米芾后裔。万历二十三年（1595 年）进士，性好石、善画石。时与邢侗、张瑞图、董其昌并称“邢、张、米、董”，又曰“南董北米”。此幅似有古拙苍朴的北方之气，但结体、用笔略粗。钤印三方。

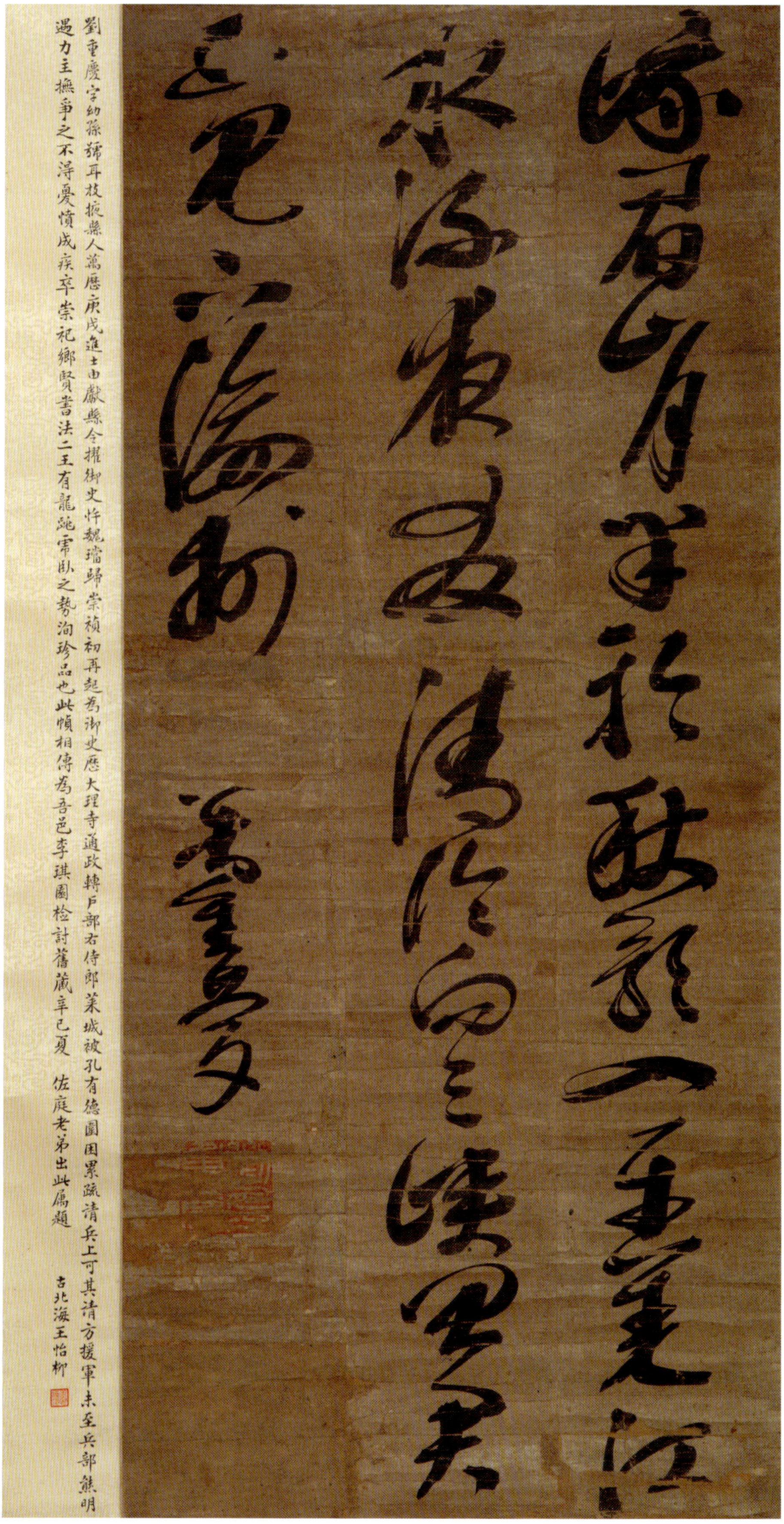

刘重庆《草书》轴

明（1368—1644年）
纸本　纵97、横43厘米

现藏于济南市博物馆。

刘重庆（1579—1632年），字幼孙，号耳枝。山东掖县人。万历三十八年（1610年）进士。书法曾名震京师、宫廷，有“飞笔填点”的传说。此幅草书结体较严谨，但主笔画稍有纤弱、粗肥之态。钤白文“刘重庆印”一方。

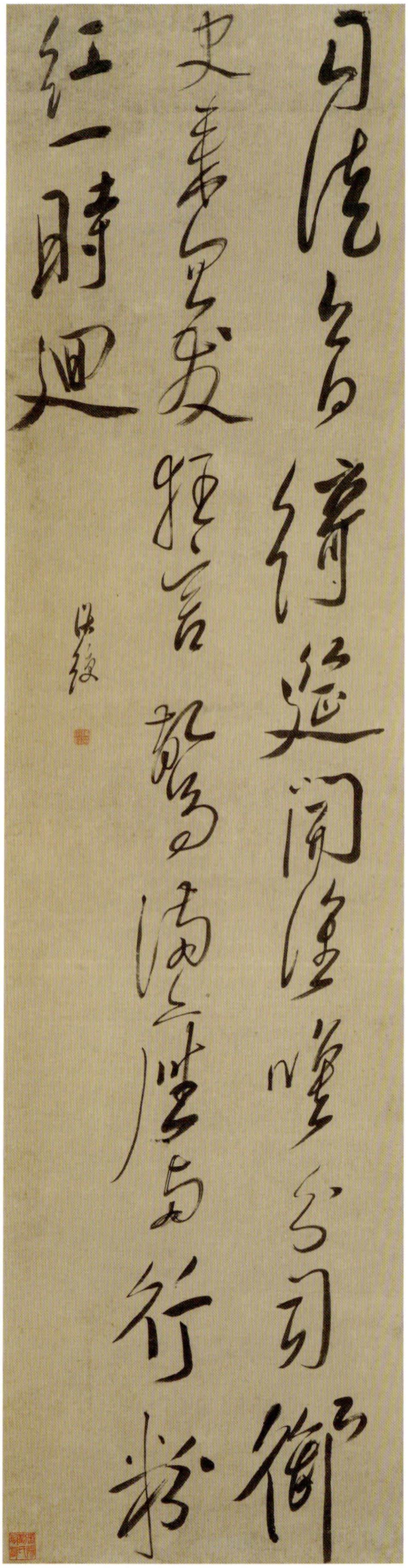

陈洪绶《草书》轴

明（1368—1644 年）
纸本　纵 176、横 47 厘米

现藏于济南市博物馆。

陈洪绶（1598—1652 年），字章侯，号老莲、悔迟、云门僧等。浙江诸暨人。工诗，善画，书法本于褚、米，运以己意。此幅草书结体变化夸张，取右欹长势，呈劲拔之态。用笔奇纵、放逸、瘦硬、流畅，是一幅寓刚健于婀娜，个性较强的书作。钤白文“陈洪绶印”一方。

王铎《行书》轴

清（1644—1911 年）
绫本　纵 169、横 50.5 厘米

现藏于济南市博物馆年

王铎（1592—1652 年），字觉斯，号嵩樵、石庵等，谥文安。河南孟津人。崇祯十七年（1644 年）授礼部尚书。顺治三年（1646 年）仕清，后为礼部尚书。诗文书画兼益，尤精书法，得力于颜、柳、二王、米芾。钤印二方。戊子为顺治五年，即 1648 年，时年王铎 57 岁。

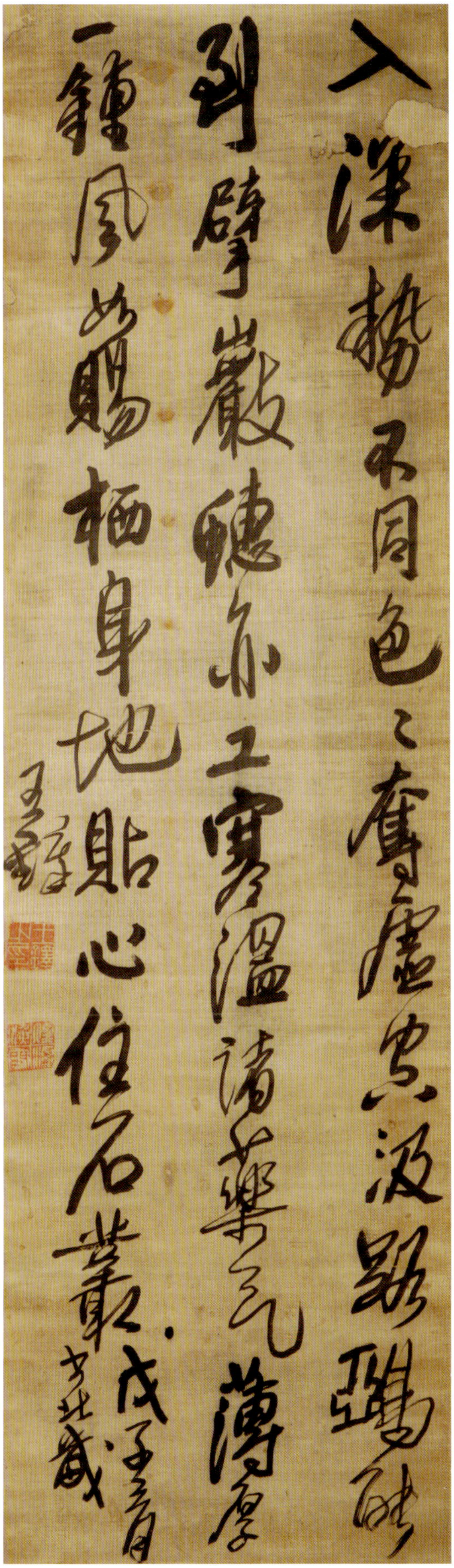

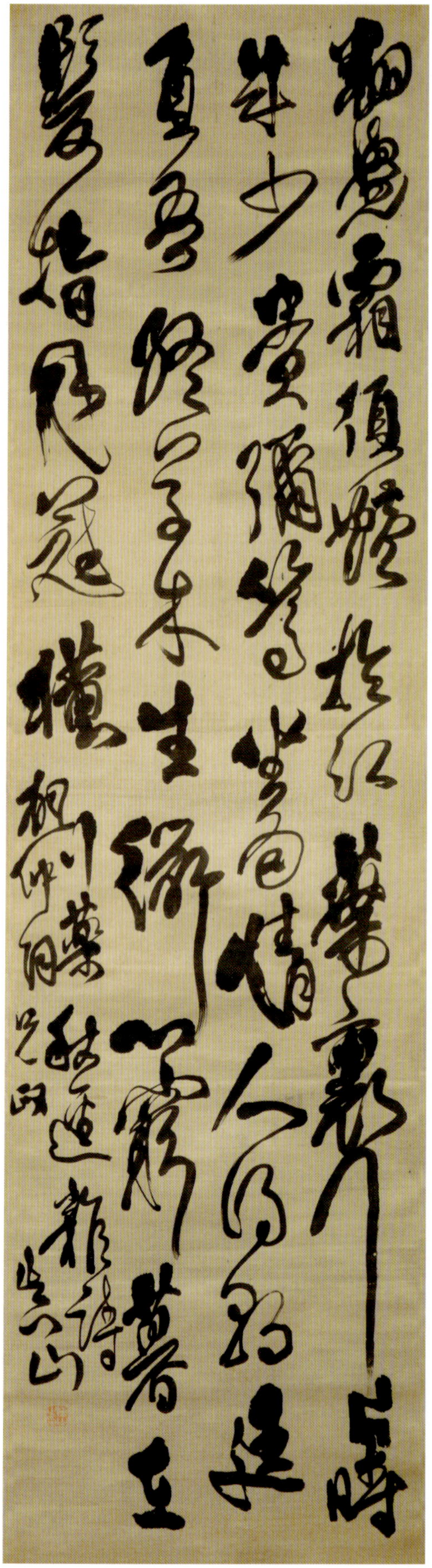

傅山《草书》轴

清（1644—1911年）
绢本　纵163、横46.5厘米

现藏于济南市博物馆。

傅山（1607—1684年），初名鼎臣，后改名山，字青竹，后改青主、仁仲。甲申（1644年）国变后，出家为道士，号朱衣道人、真山等。山西太原人。一生拒不仕清。此幅草书结体疏密有致，古拙厚重。用笔寓生涩于流畅，狂肆真率，婉转连绵。通幅具有博大雄畅之感。钤白文“傅山之印”一方。

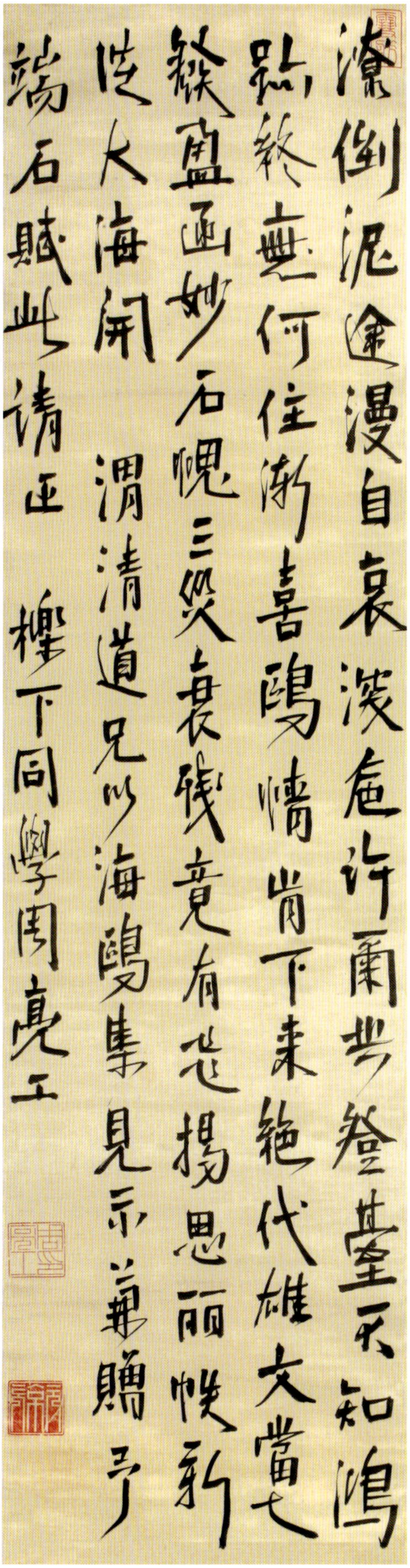

周亮工《行书》轴

清（1644—1911年）
绫本　纵200、横53厘米

现藏于济南市博物馆。

周亮工（1612—1672年），字元亮，号栎园、缄斋，河南开封人。明崇祯十三年（1640年）进士。好收藏，精金石、善书。此幅行书结体夸张拉长，用笔圆劲，折直有力，笔画基于平直，但起收笔变化丰富，游丝激射，个趣十足，是周亮工书作中一佳品。钤印三方。

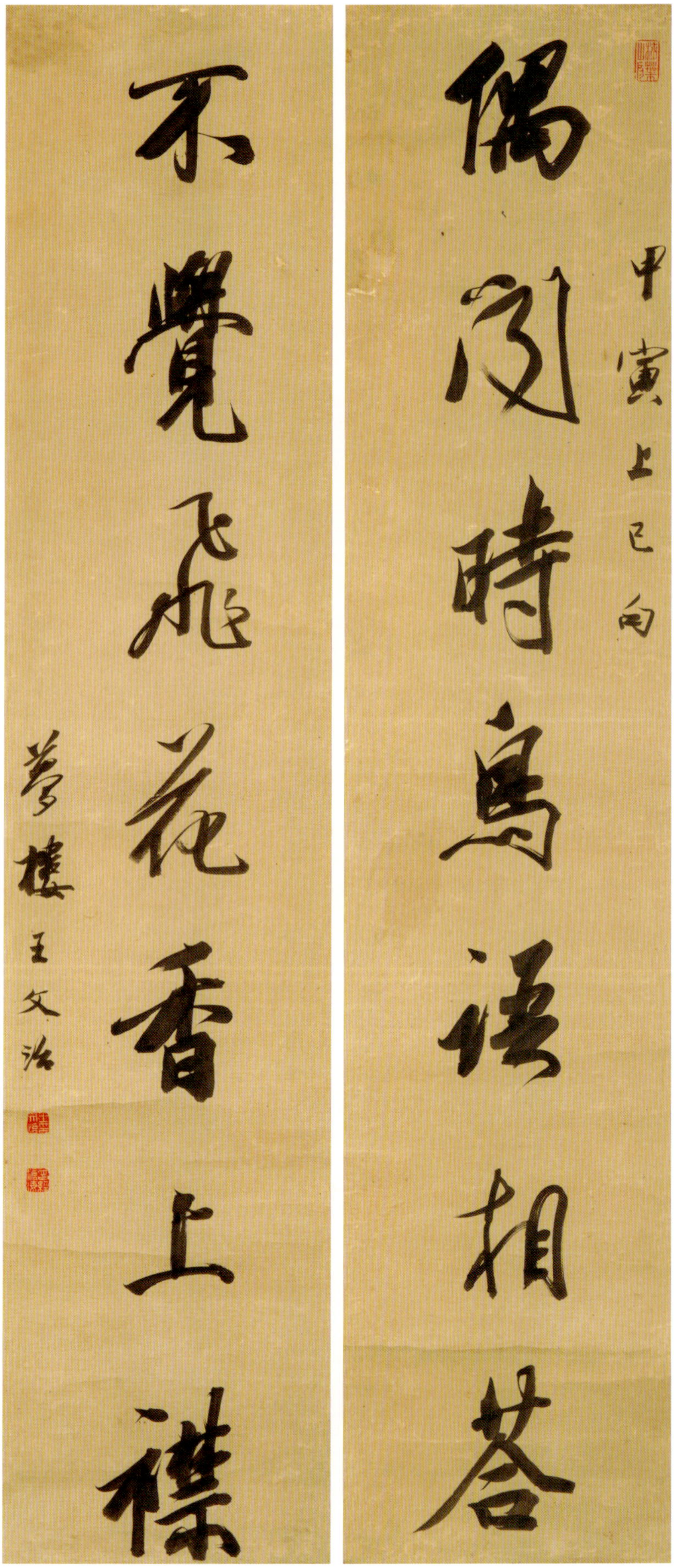

王文治《行书》对联

清（1644—1911 年）
纸本　纵 124.5、横 27 厘米

现藏于济南市博物馆。

王文治（1730—1802 年），字禹卿，号梦楼，江苏丹徒人。乾隆二十五年（1760 年）探花。擅诗文，工书。此幅行书结体多呈左低右高取势，章法中和平稳。用笔轻松流畅，飘逸婉柔的点画衬托着骨格的清秀，流露着王文治晚年书风的审美取向。钤印三方。甲寅为乾隆五十九年，即 1794 年，时年王文治 65 岁。

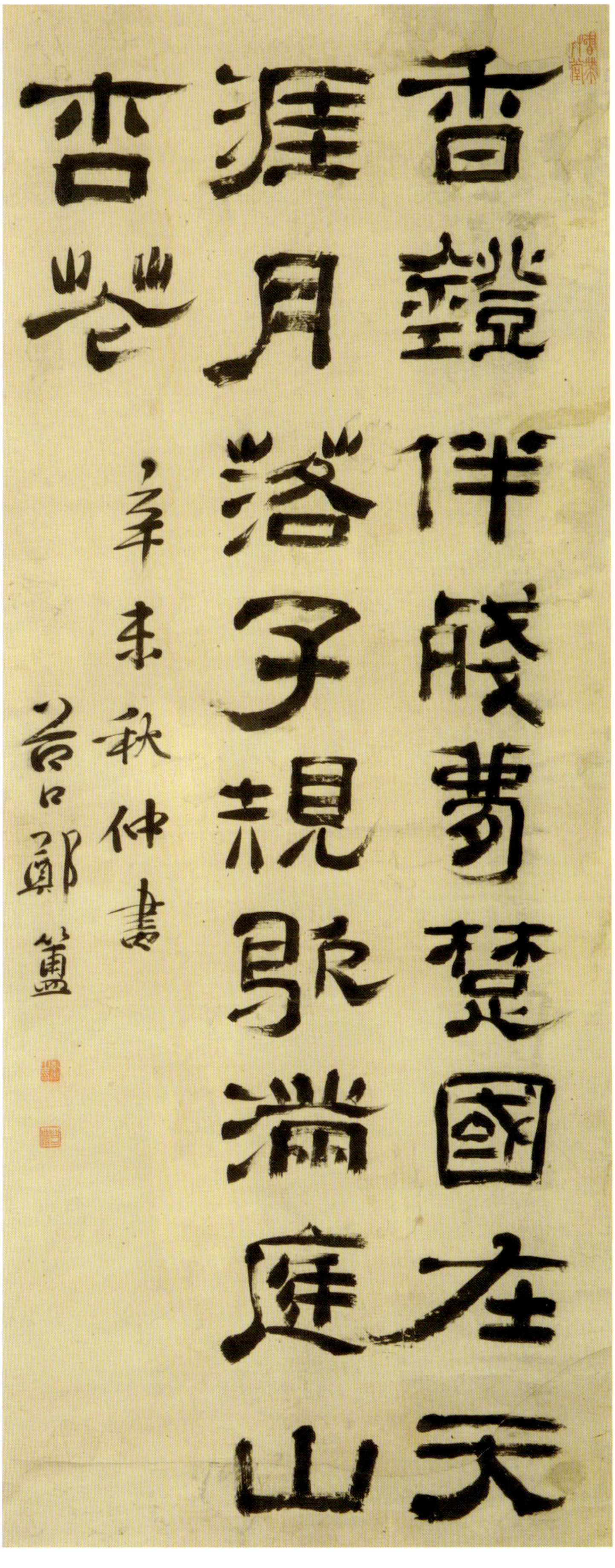

郑簠《隶书》轴

清（1644—1911年）
纸本　纵138、横56厘米

现藏于济南市博物馆。

郑簠（1622—1693年），字汝器，号谷口，江苏南京人。以行医为乐，终生不仕。工书，少时矢志习隶，中年后学汉碑三十余年，多次北访山东、河北汉碑。此幅隶书基于《曹全》，又更多融入了《承夏》的意韵。钤印三方。辛未为康熙三十年，即1691年，时年郑簠70岁。

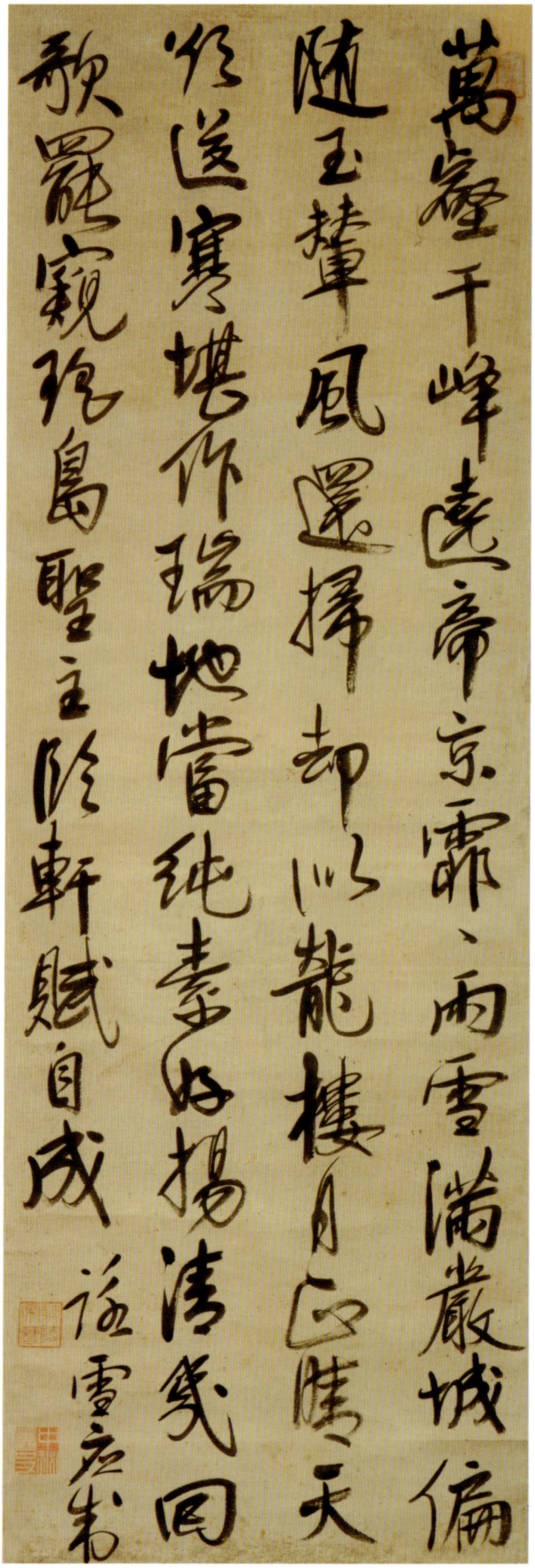

宋曹《行书》轴

清（1644—1911 年）
纸本　纵 168、横 58 厘米

现藏于济南市博物馆。

宋曹（1620—1701 年），字邠臣、彬臣，号射陵、耕海潜人。江苏盐城人。明朝旧臣，入清后隐居不仕。工诗，尤精书法，以草书著，得力于孙过庭、怀素，与王铎为代表的清初北方书风意趣相近。此幅行书结体端正，章法平稳。用笔已有宋曹草书中圆厚、流畅、不强调提按顿挫的笔意。钤印两方。

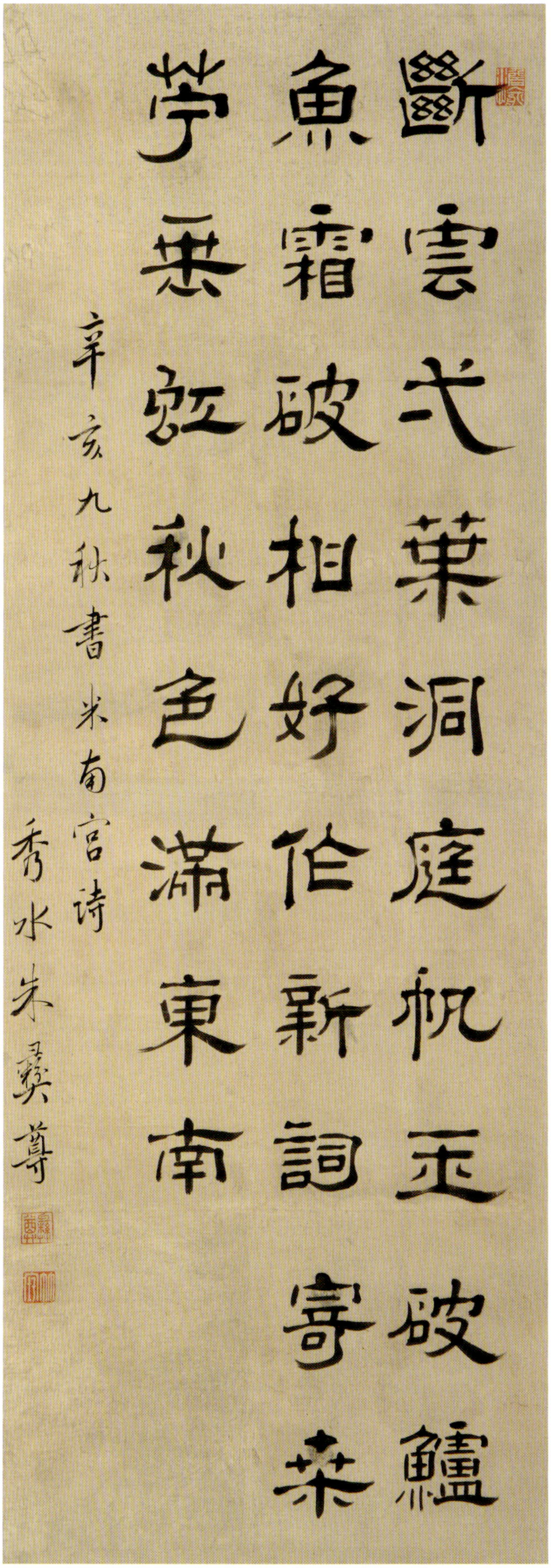
斷雲弌葉洞庭帆玉破鱸
魚霜破柑好作新詞寄桑
苧垂虹秋色滿東南
辛亥九秋書米南宮詩
秀水朱彝尊

朱彝尊《隶书》轴

清（1644—1911年）
纸本　纵91.5、横32.5厘米

现藏于济南市博物馆。

朱彝尊（1629—1709年），字锡鬯，号竹垞，晚号小长芦钓鱼师、金凤亭长。浙江嘉兴人。为清初著名诗人、学者。精训诂考据学，善隶书。此幅结体平端典雅。用笔扎实稳重，克守汉隶笔意，不参他法。波磔自然，不强努硬挑。以圆为主的运笔与方正的结字相呼应，章法疏朗。钤印三方。辛亥为康熙十年，即1671年，时年朱彝尊43岁。

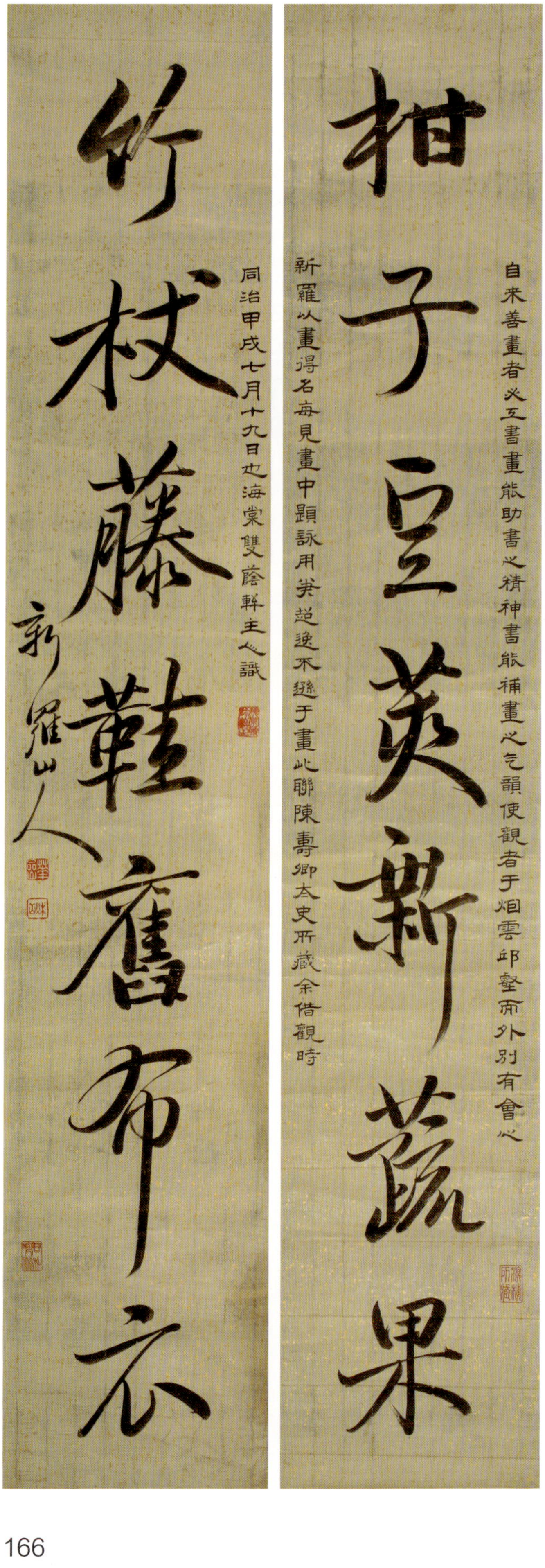
柑子豆莢新蔬果
竹杖藤鞋舊布衣
新羅山人

华嵒《书法》对联

清（1644—1911 年）
洒金纸本　纵 96、横 17.6 厘米

现藏于济南市博物馆。

华嵒（1682–1756 年），字秋岳，原字德嵩，号新罗山人。福建上杭人。擅长山水、人物、花鱼、草虫。此书对，其书法字体结构处理似嫌散漫，与不经心推敲处却好像形成某种自然自在的呼应，表现了舒展超脱，我行我素的内在精神气质与风貌。

高凤翰《草书》轴

清（1644—1911年）
纸本　纵139、横34.5厘米

现藏于济南市博物馆。

高凤翰（1683—1749年），字西园，号南村、南阜山人、西园居士等。山东胶州人。后右臂残废，改用左手，遂号后尚左生、丁巳残人等。久寓江苏扬州一带。工书画，书以草、隶见著。能诗，善篆印治砚。为“扬州八怪”里唯一的北方人。此幅草书可谓高翁左腕书中一幅力作。钤印四方。

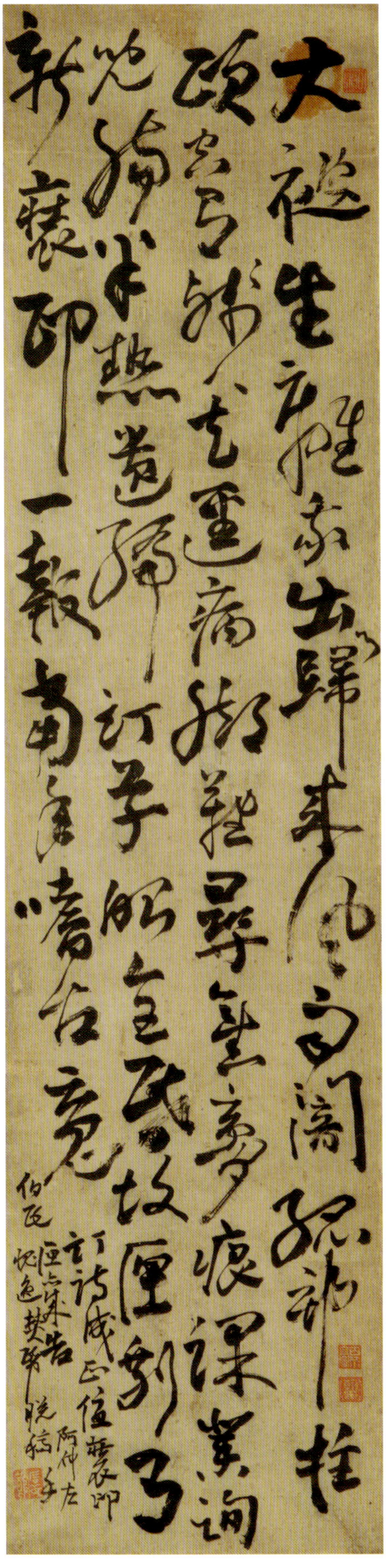

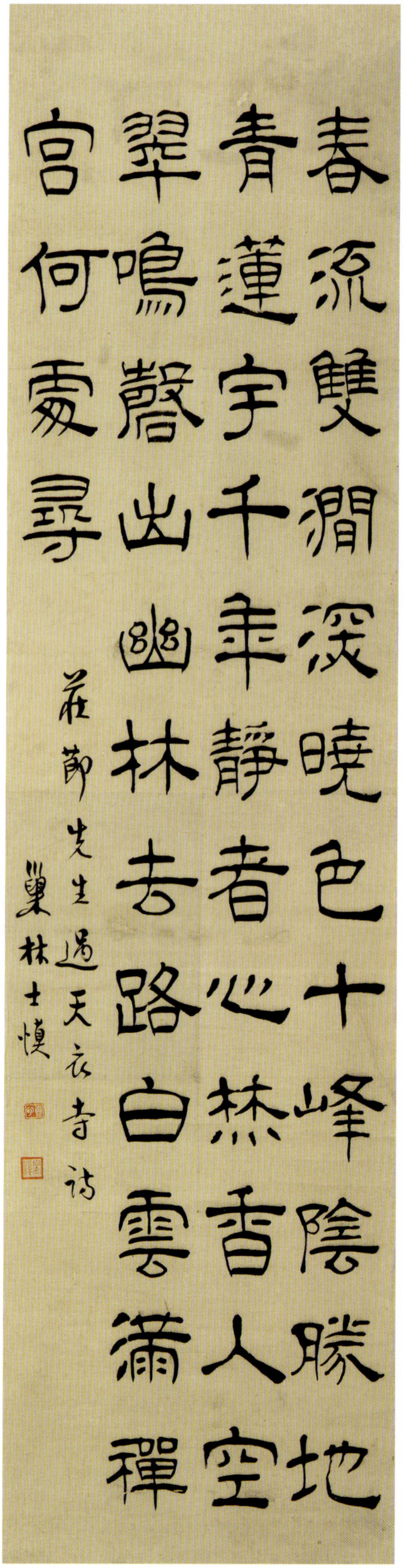
春流雙澗深曉色十峰陰勝地
青蓮宇千年靜者心焚香人空
翠鳴聲出幽林去路白雲滿禪
宮何處尋
莊節先生過天衣寺詩
巢林士慎

汪士慎《隶书》轴

清（1644—1911 年）
纸本　纵 140、横 35.5 厘米

现藏于济南市博物馆。

汪士慎（1686—1759 年），字近人，号巢林、溪东外史等。安徽歙县人。流寓江苏扬州。终身布衣，以卖画为生。工绘画，尤擅墨梅。精篆刻、善隶书。为“扬州八怪”之一。此幅隶书结体方整充盈，字形趋于竖长，字画长短夸张。用笔凝重，波磔挑剔匀缓，内蓄骨力。章法平稳沉实。给人以清淡自在、生动活泼之感。钤印二方。

郑燮《行楷书》轴

清（1644—1911 年）
纸本　纵 92、横 46 厘米

现藏于济南市博物馆。

郑燮（1693—1765 年），字克柔，号板桥，江苏兴化人。乾隆元年（1736 年）进士。历官山东范县、潍县等县令。晚年客居扬州。擅诗词，工书画。尤善画兰竹，书法得力于苏轼、黄庭坚，又熔篆、隶、楷、行各体于一炉，自称为“六分半书”。为“扬州八怪”之一。钤印二方。

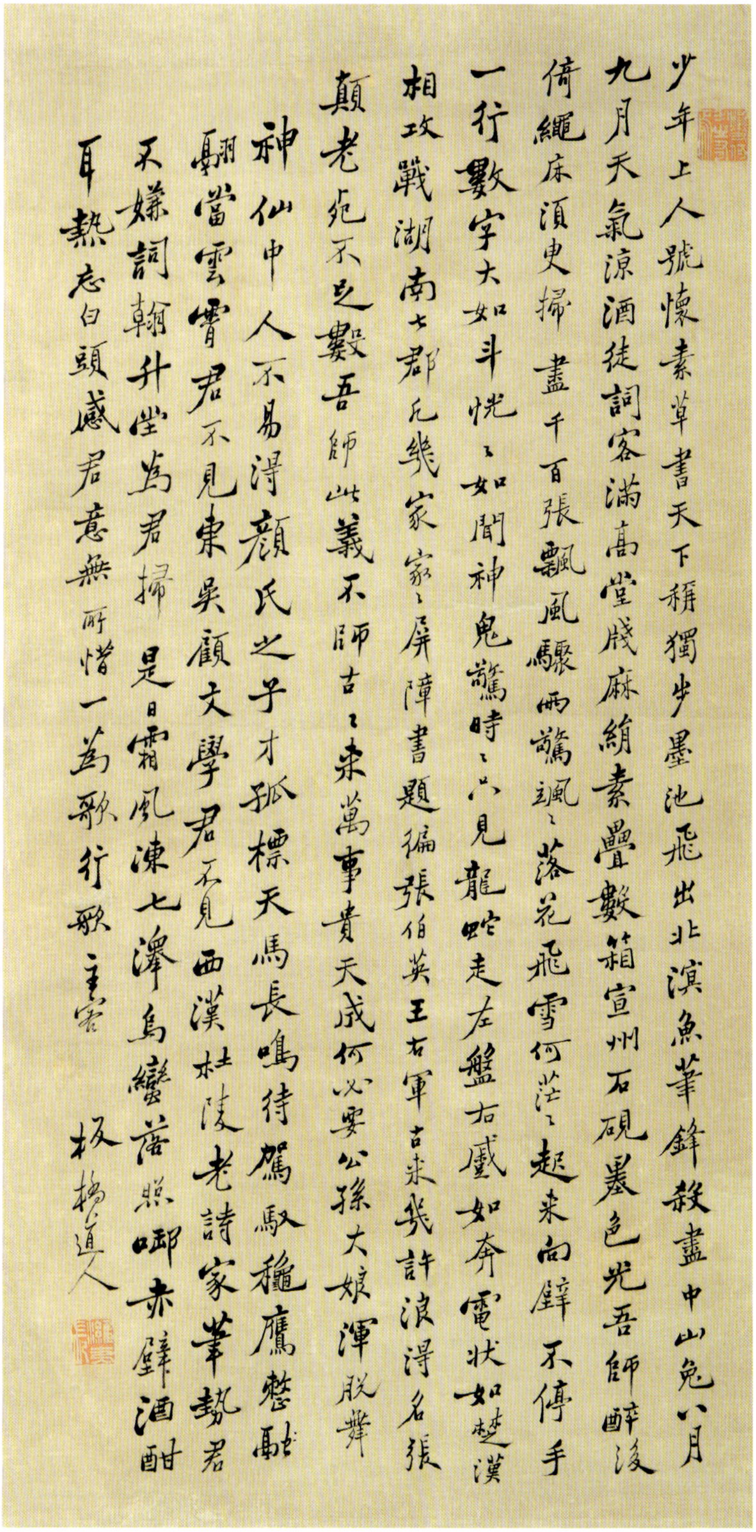

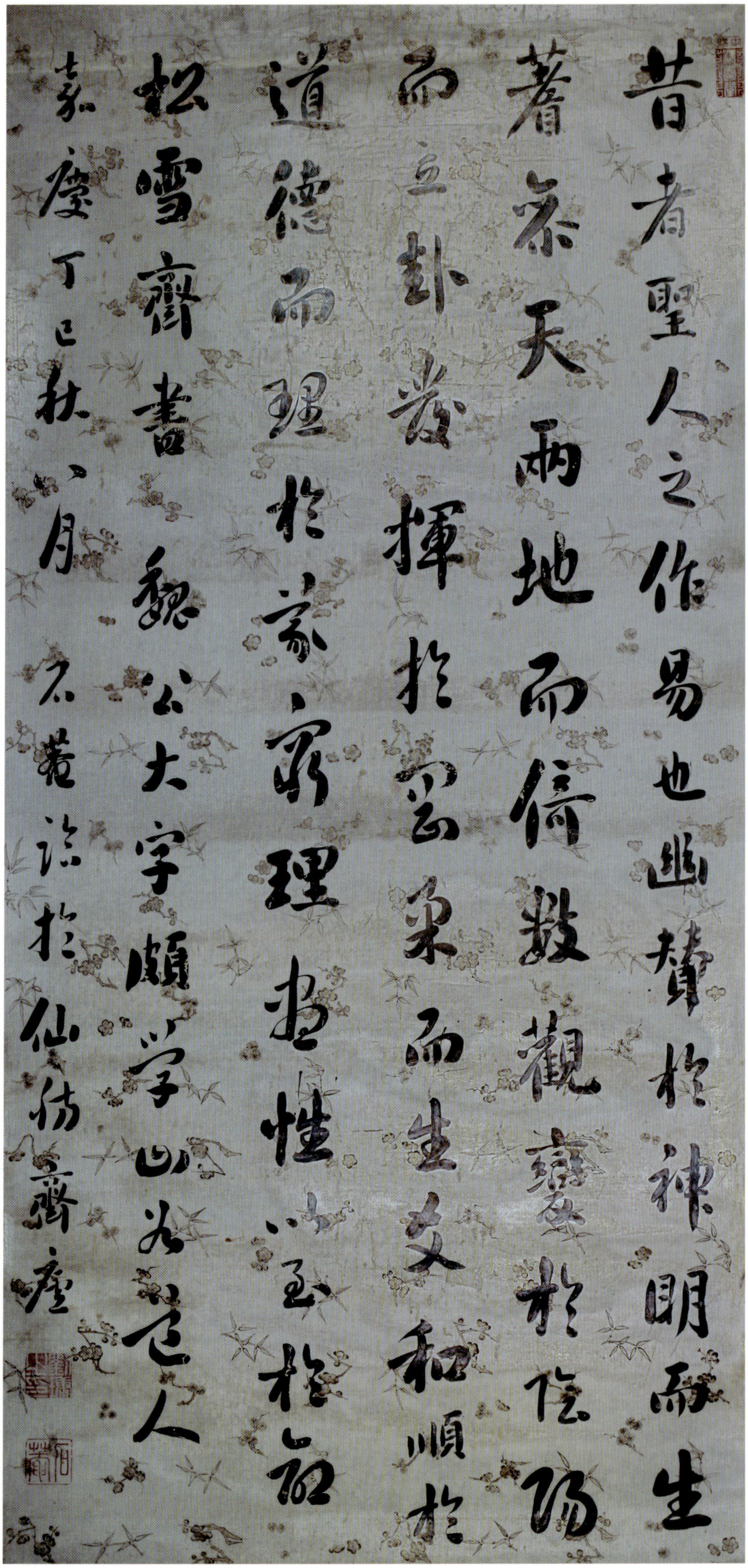

刘墉《行书》轴

清（1644—1911年）

印花蜡笺　纵181、横88厘米

现藏于济南市博物馆。

刘墉（1719-1804年），字崇如，号石庵，乾隆辛未进士，官至体仁阁大学士。书法从赵孟頫、董其昌入手，兼学颜真卿、苏轼，晚年潜心北朝碑版，其书法外表看似圆满软滑，给人以肉多骨少之感，实则精气内敛，字体结构很有骨力，被称为清代“四大书法”家之一。此幅作品书于1797年系刘墉晚年之作。

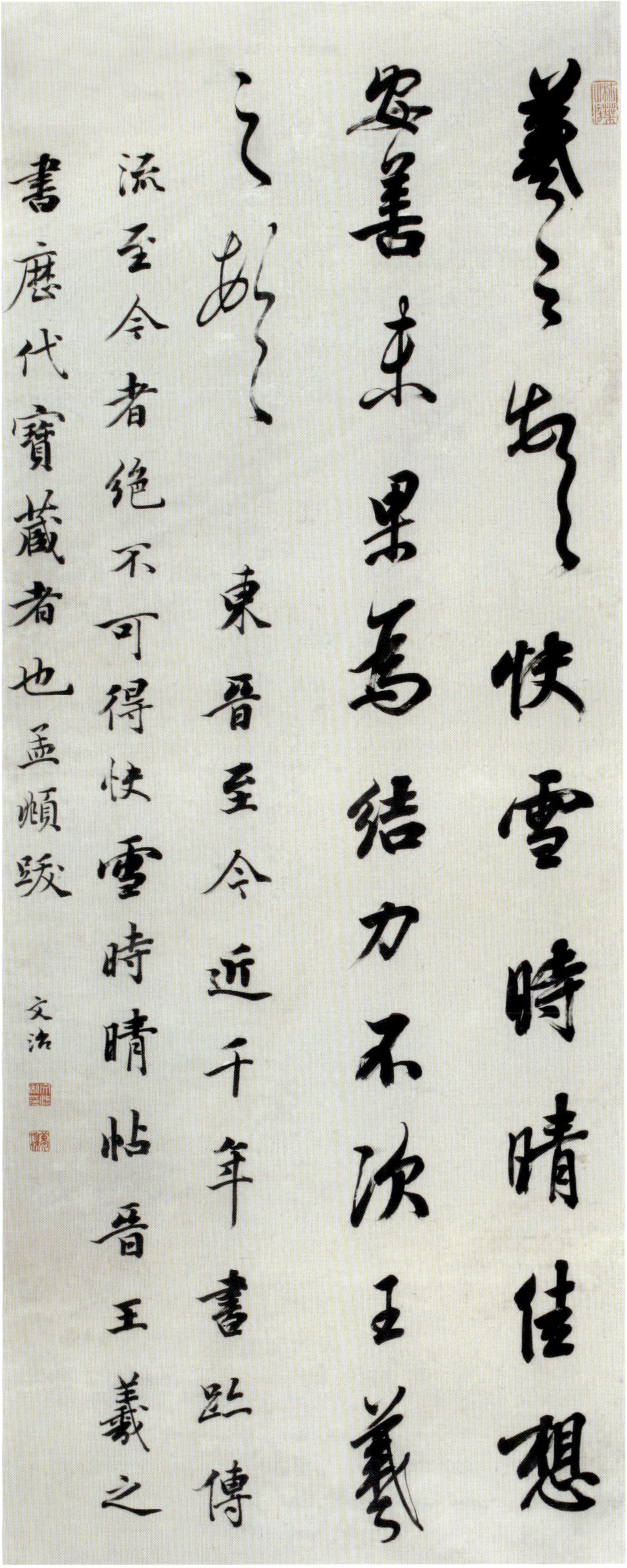
羲之頓首快雪時晴佳想
安善未果為結力不次王羲
之頓首
東晉至今近千年書跡傳
流至今者絕不可得快雪時晴帖晉王羲之
書歷代寶藏者也 孟頫跋
文治

王文治《行书》轴

清（1644—1911年）
纸本　纵112.5、横46厘米

现藏于济南市博物馆。

王文治（1730-1802年），字禹卿，号梦楼。江苏丹徒人。清代书画家、文学家。乾隆二十五年探花。书法宗李邕、董其昌等人。尤以淡墨最妙，与刘墉有“浓墨宰相淡墨探花”之称。此轴虽是临字，但潇洒流畅，满幅透出秀逸之气，处处流露自家面貌，乃王文治之佳作。钤“文治私印”，白文印，“梦楼”朱文印。

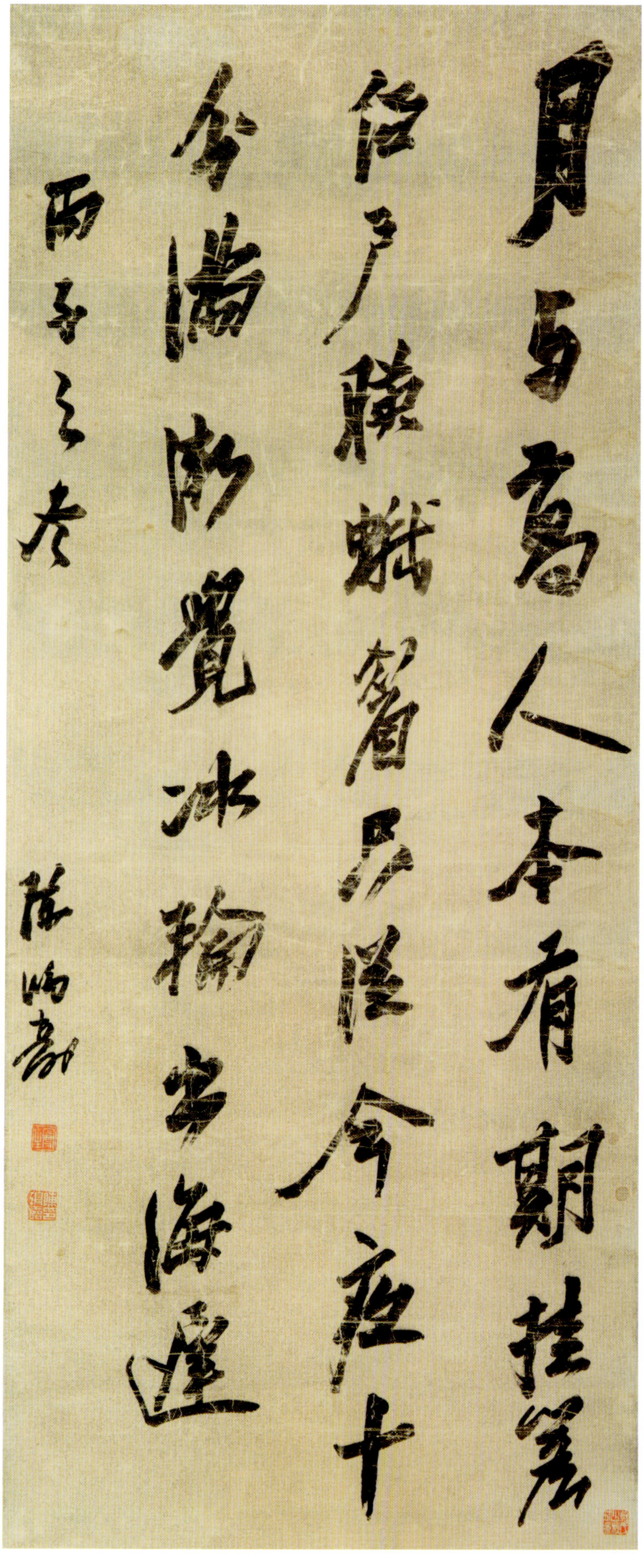

陈鸿寿《行书》轴

清（1644—1911年）
纸本　纵127、横54厘米

现藏于济南市博物馆。

陈鸿寿（1768—1822年），字子恭、号曼生、恭寿等。浙江杭州人。工书画，擅篆刻，为“西冷八家”之一。此幅行书结体多取右欹之势，中宫紧缩，字形开张。用笔宽厚奇逸，不落窠臼，具有浑朴的风骨和浓郁的金石气息。钤印二方。丙子为嘉庆二十一年，即1816年，时年陈鸿寿49岁。

大雲出山潤及萬物
朗月在水清無一塵

林则徐八言字对

清（1644—1911年）
红蜡笺　纵184、横34厘米

现藏于济南市博物馆。

林则徐（1785—1850年），字少穆，晚号竢村老人，福建侯官人（今福州），道光十八年（1838年）任钦差大臣，其书法宗颜、柳、欧。此八言对，整体感强，字体结构平正安详，章法疏朗整齐，用笔左规右矩，严紧端庄，一气贯通，给人以清秀妖媚，正派大器之感。

古鏡寶匳寒不動
露葉風枝曉自勻
滌生 曾國藩

曾国藩《楷书七言联》

清（1644—1911 年）
水墨描金凤红笺纵 170、
横 41.5 厘米

现藏于济南市博物馆。

曾国藩（1811-1872 年），初名子诚，字伯涵，号滌生，谥文正。湖南长沙湘乡人。清朝军事家、理学家、书法家、文学家。此楷书七言对，婉转流美，清丽洁净，力厚骨劲，遒劲俊逸，自成一体而富儒雅之气，充分体现出了曾国藩的学识和才情。文：“古镜宝奁寒不动露叶风枝晓自匀”。款识：涤生 曾国藩。

左宗棠《书法》对联

清（1644—1911年）
印花蜡纸　纵159、横35厘米

现藏于济南市博物馆。

左宗棠（1812—1885年），字季高，自号湘上农人，湖南湘阴人，清道光十二年举人。此联以颜体行书写出，骨肉清健，别具风格，其结构宽博平正，大体保留了楷书的一些面目，更具酣畅淋漓，富于笔墨情趣，其笔法苍老凝练，沉稳爽利，虽然在“深潭、鲂鲤”四字边旁中有失变化，然而秉性凝重，笔意随之，有裹铁藏金之妙。

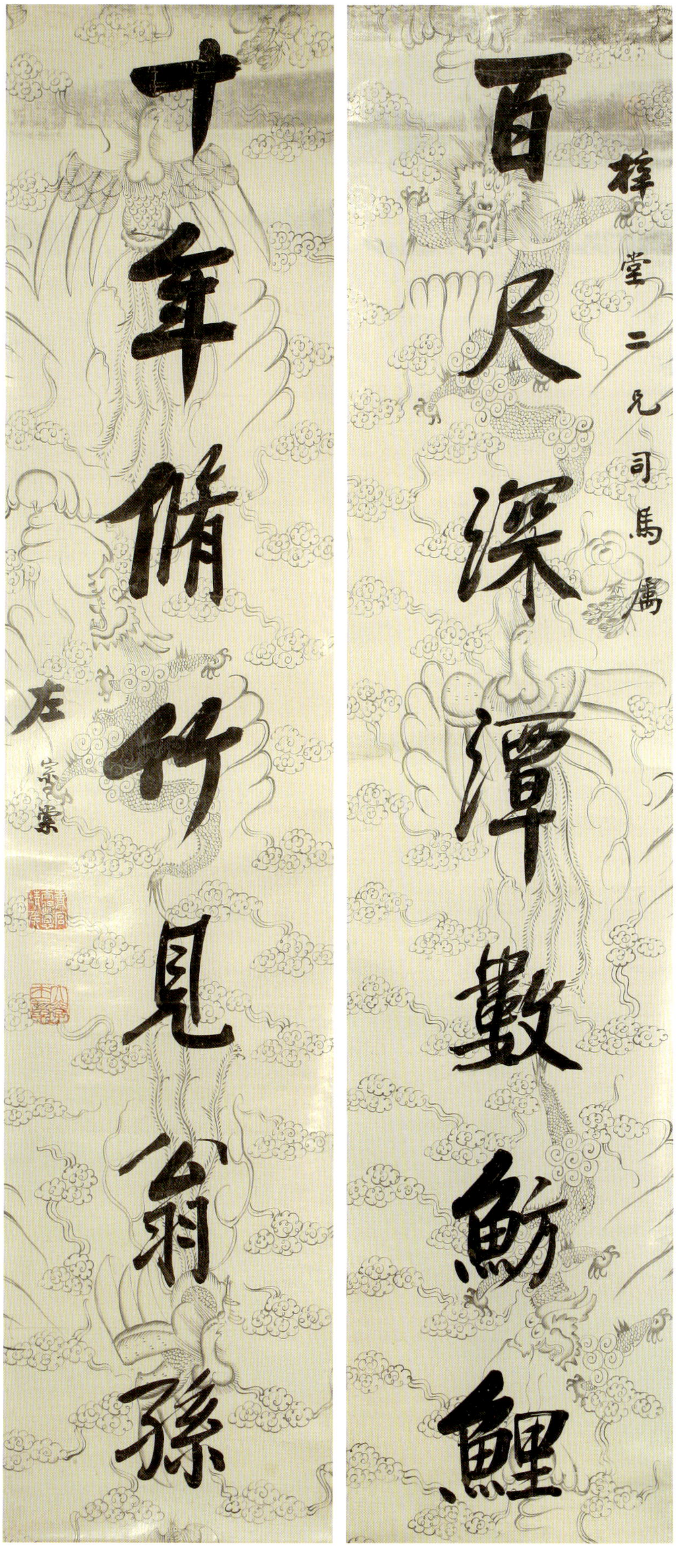
百尺深潭數魴鯉
梓堂二兄司馬屬
十年脩竹見翁孫
左宗棠

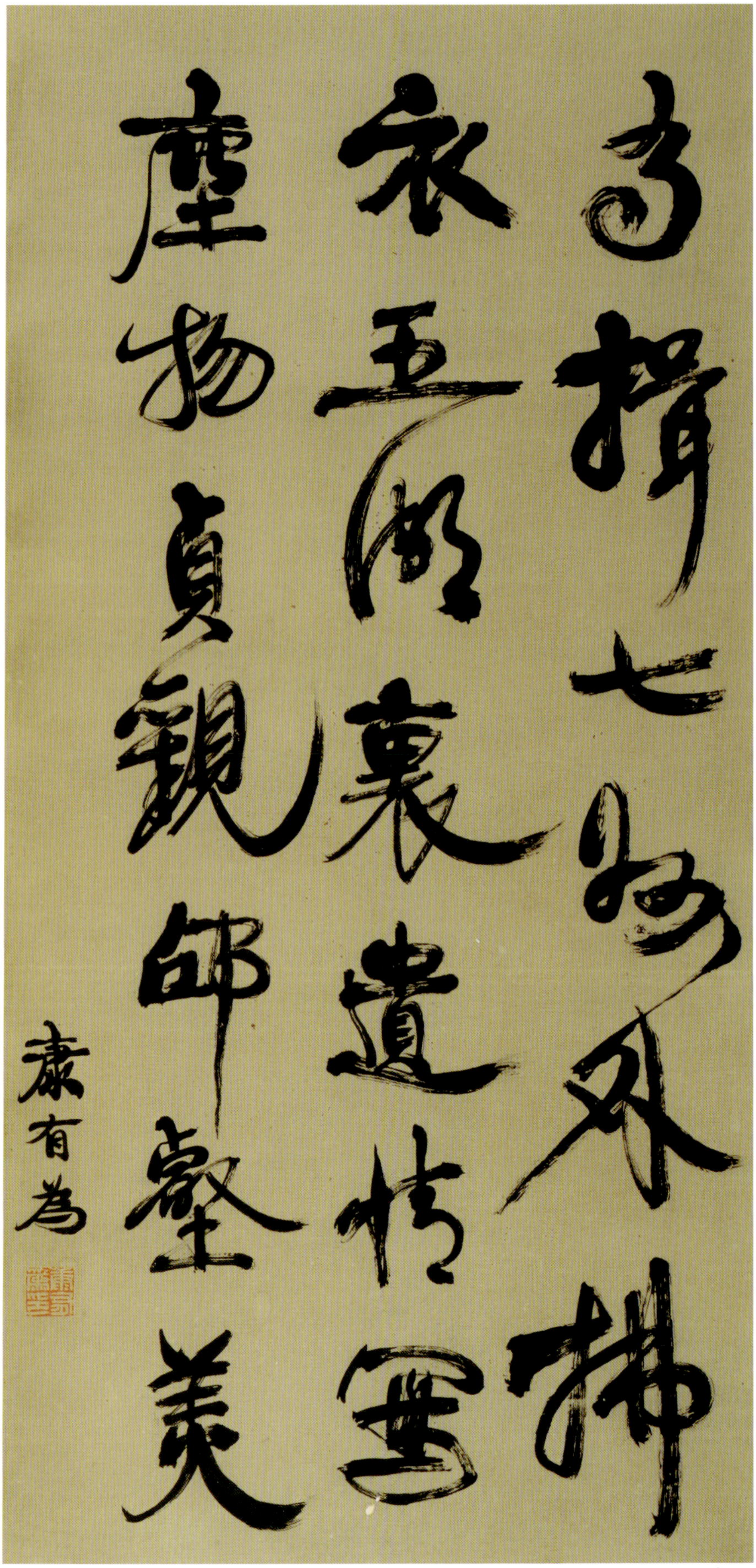
有揖七州外拂
衣五湖里遗情写
尘物贞观丘壑美
康有为

康有为《行书诗》轴

清（1644—1911年）
纵95、横47厘米

现藏于章丘博物馆。

康有为（1858—1927年），原名祖诒，字广夏，号长素、更生，广东南海人，清末著名书法家。书轴为行书，五言绝句“有辑七州外，拂衣五湖里，遗情写尘物，贞观丘壑美。”其书法求意于北碑，又独具特点。

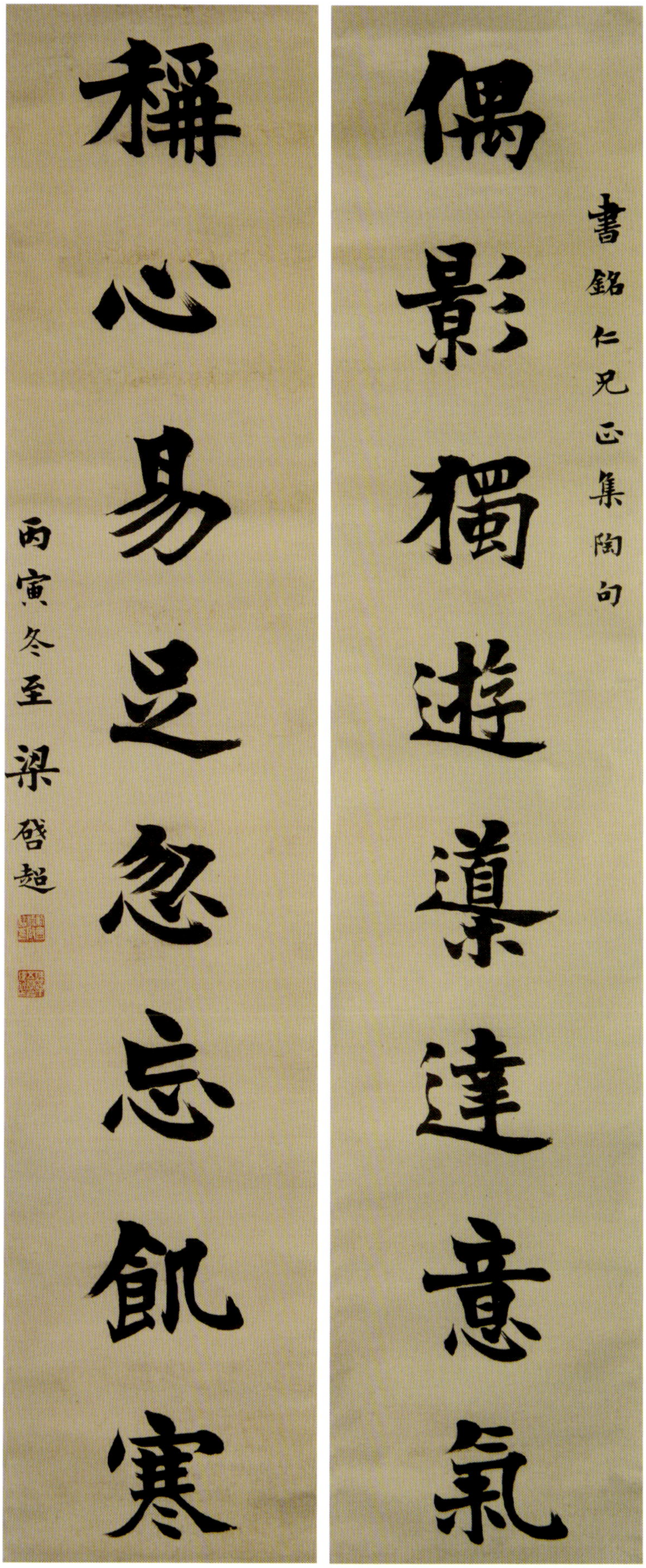

梁启超《楷书八言》联

近代

纸本　纵 164.5、横 35 厘米

现藏于济南市博物馆。

梁启超（1873–1928 年），字卓如，号任公，饮冰室主人等，别署中国之新民。广东新会人，近代著名政治家、文学家。书宗北碑，笔力雄强，气势磅礴，法度严整，正气凛然。钤“任公四十五岁以后所作”白文印。

中国古代绘画是文化发展过程中艺术家用绘画的形式描绘和记录的古代社会生活的画面。图录中宋人仿郭熙笔意《山水图》轴，采用全景式构图法，布局严谨，气势宏伟，是山东省文博单位收藏年代最早的绢本画作，现藏济南市博物馆。

书中所录绘画作品，尤以济南市博物馆和原济南市文物店收藏为主，特别是馆藏明清绘画，流派纷呈，名家辈出，题材广泛，尤以山水、花鸟画成就显著，如林良《荷塘雁嬉图》轴、王谔《月下吹箫图》轴、沈周《爱莲野鹅图》轴、张路《望月图》轴、谢时臣《西湖春晓图》轴、周臣《访友图》轴皆为明代各时期各流派画家的精良之作。

清代绘画，风格技巧争奇斗艳，艺术形式丰富多样，造就了有清一代绘画艺术的兴盛局面。清初“四王”之一的王翚《山水图》轴，山石树木用笔苍秀劲健，画面极具平淡天真气象。而“清初四高僧”之一的石涛《山水图》轴，构图清新，气韵生动，笔墨雄健，酣畅淋漓。中期“扬州画派”的代表人物馆店也多有收藏，高凤翰《长年富贵牡丹图》轴，用笔纯熟，功力深厚，构思立意和结构颇具高氏特点。黄慎《东坡洗砚图》轴，以草书笔法入画，用笔迅疾，衣纹顿挫，造型生动，情趣盎然。郑燮《竹石图》轴，细而不弱、坚韧挺拔，孤傲而清高，稳健而灵动。

繪畫

宋人仿郭熙笔意图轴

北宋（960—1127 年）
绢本水墨　纵 130.5、横 48.5 厘米

现藏于济南市博物馆。

此画采用全景式构图法，描绘深秋清旷的山间景色。崇峰峻岭，云霭空蒙。高山之麓，溪水之滨，茅舍柴篱清晰可见，古树盘曲，枝如蟹爪，叶已尽脱，一派荒寒萧疏之意。从总体风貌看，极具郭熙之遗韵。钤印：白文“缊真阁书画禅”，朱文“宣和”，其余四方模糊不清。

盛懋《秋溪垂钓图》轴

元（1271—1368 年）
绢本设色　纵 179、横 106 厘米

现藏于济南市博物馆。

盛懋（生卒年不详），字子昭，嘉兴(今浙江)人。善画人物、花鸟、山水。此图描写一位高士在溪边垂钓的情景。几株大树占据了画面的五分之四，树下蒲草丛生，一位白衣高士独坐溪岸，垂竿而钓。作者以劲健浑厚的笔触刻画出山川的雄伟及人物的怡然神态。款署：“武塘盛懋子昭。” 下钤一印仅存其半，文不清。

◀ 林良《芦雁图》轴

明（1368—1644 年）
绢本水墨　纵 173、横 101 厘米

现藏于济南市博物馆。

林良（1436—1487 年），字以善，广东南海人。擅花果、翎毛。画家以极简练的笔法描绘了两只芦雁在芦苇丛中游动的场面。画芦苇用草书笔法，飘逸潇洒；中锋园笔画莲梗，浑厚苍劲；荷叶以赭墨相加，势如泼彩；芦雁的羽毛以焦墨大笔点染，头部以细笔着意描绘，生动异常。左上方款署“林良”。

王谔《月下吹箫图》轴

明（1368—1644 年）
绢本设色　纵 184、横 99 厘米

现藏于济南市博物馆。

王谔（生卒年不详），字廷直，奉化（今浙江奉化）人。弘治元年（1488 年）以绘事供奉仁智殿。善山水、奇山怪石，也工人物。图中山前明月高悬，下有突兀奇石。一老者端坐阁前，凝神吹箫，二侍者立于其后。画家以斧劈大笔描绘出气势恢弘的高山，工整的楼阁衬托出人物的悠闲自得。右下方款署：“王谔”。钤印一方：“谔王廷直”。

沈周《爱莲野鹅图》轴

明（1368—1644 年）
纸本设色　纵 165、横 74 厘米

现藏于济南市博物馆。

沈周（1427—1509 年），字启南，号石田、白石翁等，长洲（今江苏苏州）人，明代画家，吴门画派的创始人，明四家之一。此图描绘一只爱莲野鹅立于岸边一太湖石旁，几支硕大的荷叶和一枝盛开的莲花点缀其后。用笔洗练，墨色清润，神态自然。

周臣《访友图》轴

明（1368—1644 年）
绢本设色　纵 184.5、横 104 厘米

现藏于济南市博物馆。

周臣（？—1535 年），字舜卿，号东村，吴（今江苏苏州）人。擅长画人物、山水。此图描绘漫天皆白的雪后山间景色。崇山峻岭，白雪皑皑，草堂内主人高卧榻上，观赏雪景。画面布局严谨，意境高远。左下方款署：“嘉靖辛卯春仲之朔姑苏东邨周臣写。”

西湖春晓

谢时臣《西湖春晓图》轴

明（1368—1644 年）
纸本设色　纵 279、横 105 厘米

现藏于济南市博物馆。

谢时臣（1487—1567年），字思忠，号樗仙，吴（今江苏苏州）人。能诗善书，擅山水，作品多长卷巨幛，以善画水著称。此图以繁密的笔法描绘出湖光山色的西湖景色，远山近水脉络清晰，层次分明，画面浑厚而生动。右上方自题：“西湖春晓”。款署：“霞山谢时臣写”。钤白文印二方：“姑苏台下逸人”、“谢氏吾忠”。

刘世儒《雪梅图》轴

明（1368—1644 年）
绢本墨笔　纵 161、横 95.5 厘米

现藏于济南市博物馆。

刘世儒（生卒年不详），一作士儒，字继相，号雪湖，山阴（今浙江绍兴）人。善画梅，尤工雪梅。画家以简洁的用笔、丰富的用墨写出雪后的一株古梅。枝干纵横穿插，疏密有致。左上方自题："豁山人迹没，冰骨独传神。"款署："雪湖"。钤二印，不清。

周道行《梅花书屋图》轴

明（1368—1644 年）
纸本设色　纵 127、横 53 厘米

现藏于济南市博物馆。

周道行（生卒年不详），吴县（今江苏苏州）人。擅山水、人物。作者以淡墨画远山，突出描绘近处梅花书屋中士人的活动，真实而生动。右上方篆书标题：“梅花书屋”。款署：“崇祯癸未长夏封荡避暑兴至写此。周道行”。钤印二方：“周道行印”白文、“山辟”朱文。

▸ 陆治《山水图》轴

明（1368—1644 年）
纸本设色　纵 73、横 37.5 厘米

现藏于济南市博物馆。

陆治（1496—1576 年），字叔平，居太湖包山，号包山子，吴县（今属江苏）人。此图以小青绿手法描写秋天的景色。笔法精练，设色淡雅，构图虚实并用，平淡而深远。右上方自题：“霜落平川漾浅沙，丹枫虚，荻芦花中宵已彻。三更月，江上偏宜，八月蹉。”款署：“陆治”。钤白文印二方：“陆氏叔平”、“阳城书屋”。

霜落平川漾淺沙丹楓
蘆荻蘆花中宵已徹三
更月江上偏宜八月槎
陸治

张路《望月图》轴

明（1368—1644年）
绢本墨笔　纵151、横103厘米

现藏于济南市博物馆。

张路（1464—1538年），字天池，号平山，祥符（今河南开封）人。此图以洗练的笔法写一高士偕童仆在林间赏月的情景。画面简洁明快，表现手法独树一帜。工笔人物与写意的背景形成了强烈的对比。参天的古树，斧劈的坡石，淡林掩映的明月，隐隐绰绰的远山浑然一体，展现了一派风清月明的自然风光。无款。钤“张路印”白文印。

宋旭《云壑飞泉图》轴

明（1368—1644年）
绢本水墨　纵148.3、横66.5厘米

现藏于济南市博物馆。

宋旭（1525-？），字初旸，出家后法名祖玄，又号天池发僧。浙江嘉兴人。此幅为绢本设色山水，瀑布飞流，气势磅礴。笔墨苍劲老辣而气韵生动，人物虽小却神态生动自然。篆书自题“云壑飞泉”。落款：槜李石门山宋旭识。印章不清。

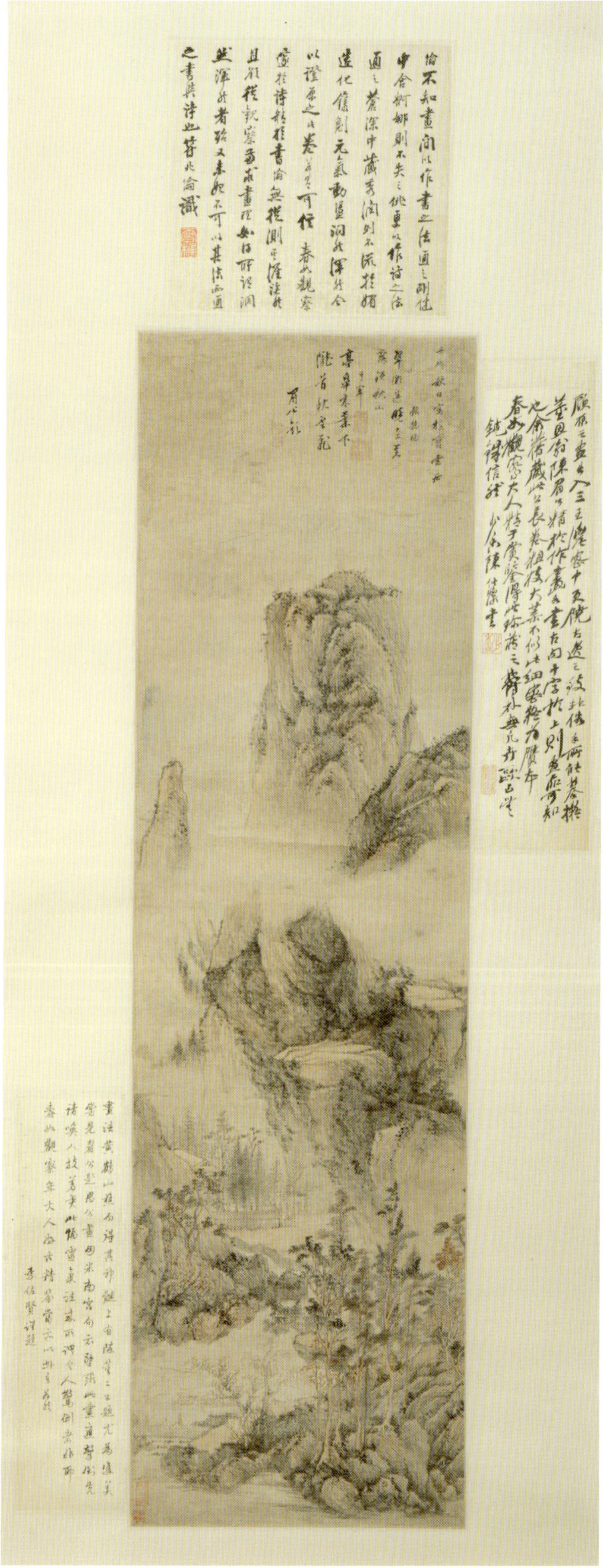

顾懿德《山水图》轴

明（1368—1644年）

纸本设色　纵128、横37厘米

现藏于济南市博物馆。

顾懿德（?～1633后），字原之，华亭（今上海松江）人。顾正谊侄，仕光禄。属松江画派。工山水，也善写观音大士像。此图作者将烟云迷蒙的山峰再现于丛树溪水之上，颇有山间深秋之意。右上方款署："壬戌秋日写于宝云居。顾懿德"。钤印二方，不清。

蓝瑛《山水图》轴

明（1368—1644年）
绢本设色　纵179、横94厘米

现藏于济南市博物馆。

蓝瑛（1585—1664年），字田叔，号蝶叟，晚号石头陀、山公等，又号东郭老农，钱塘（今浙江杭州）人。此图用钢劲的线条，写出了层峦叠嶂的秋山景色，苍劲的树木，古雅的设色都是蓝瑛典型的特征，实属蓝瑛的精心之作。左上方款署：“法赵仲穆画于西溪之凝紫山堂。石头陀蓝瑛”。钤朱文印二方：“蓝瑛之印”、“田叔”。

樊圻《梅溪会友图》轴

清（1644—1911年）
绫本墨笔　纵163、横50厘米

现藏于济南市博物馆。

樊圻（1616—？年），字会公，更字洽公，江宁（今江苏南京人）。善画山水、花卉、人物，为“金陵八家”之一。此图画高耸入云的山峰下，溪水潺潺，老梅虬曲，树下三位友人席地而坐，把酒吟诗，一派静雅气象。此图无款。钤印二方：“樊圻”白文，“会公”朱文。

陈卓《雪山行旅图》

清（1644—1911 年）
绢本设色　纵 194.5、横 99 厘米

现藏于济南市博物馆。

陈卓（1634 年—？），字中立，晚号纯痴老人，北京人。长住江苏南京。画风属金陵派体系。此图描写大雪笼罩的崇山峻岭，莽莽苍苍，宏伟壮观。山石间殿宇掩映，丛林片片，茅舍数楹，栈道盘环。山脚下，小桥横架，溪水寒湛，行旅们踏雪赶路，络绎不绝。全画用笔工整，意境高远。款署："摹稀士法。陈卓"。钤印二方。

▶ 顾符祯《山水》轴

清（1644—1911 年）
纸本设色　纵 175、横 92 厘米

现藏于济南市博物馆。

顾符祯（生卒年不详），字瑟如，号小痴，江苏兴化人。能诗工书，擅画山水、人物。此图以细密的点划描绘秋天的山间景色。高山突兀伟峻，山腰栈道盘环，弓桥横跨山间，山下溪水潺潺，村落若隐若现。山石结构严谨，多用刮铁皴，点苔疏密有致，着笔肯定有力。右上角自题：行书四行。款署："七十五老人顾符祯。"钤印三方。

王翚《山水》轴

清（1644—1911年）
纸本水墨　纵100、横44.5厘米

现藏于济南市博物馆。

王翚（1632—1717年），字石谷，号耕烟散人，又号乌目山人、清晖老人，江苏常熟人。为清初“四王”之一，虞山派首领。此图以水墨法画远山、平湖，湖畔树木苍郁，修竹茂密，房舍临溪，一派秋高气爽的景色。山石树木用笔苍秀劲健，画面极具平淡天真气象。款署：“康熙壬午小春二十有三日，耕烟外史王翚。”钤印三方。

▶ 石涛《山水图》轴

清（1644—1911年）
纸本设色　纵100、横43厘米

现藏于济南市博物馆。

石涛（1642—约1718年），俗姓朱，名若极，广西桂林人。明藩靖江王朱守谦后裔，朱亨嘉子。1645年后削发为僧，法名原济，一作元济。“清初四高僧”之一。此图远处层峦起伏，近处水墨苍润。构图清新，气韵生动，体现了作者丰富的生活积累和体验。钤朱文印：“零丁老人”。

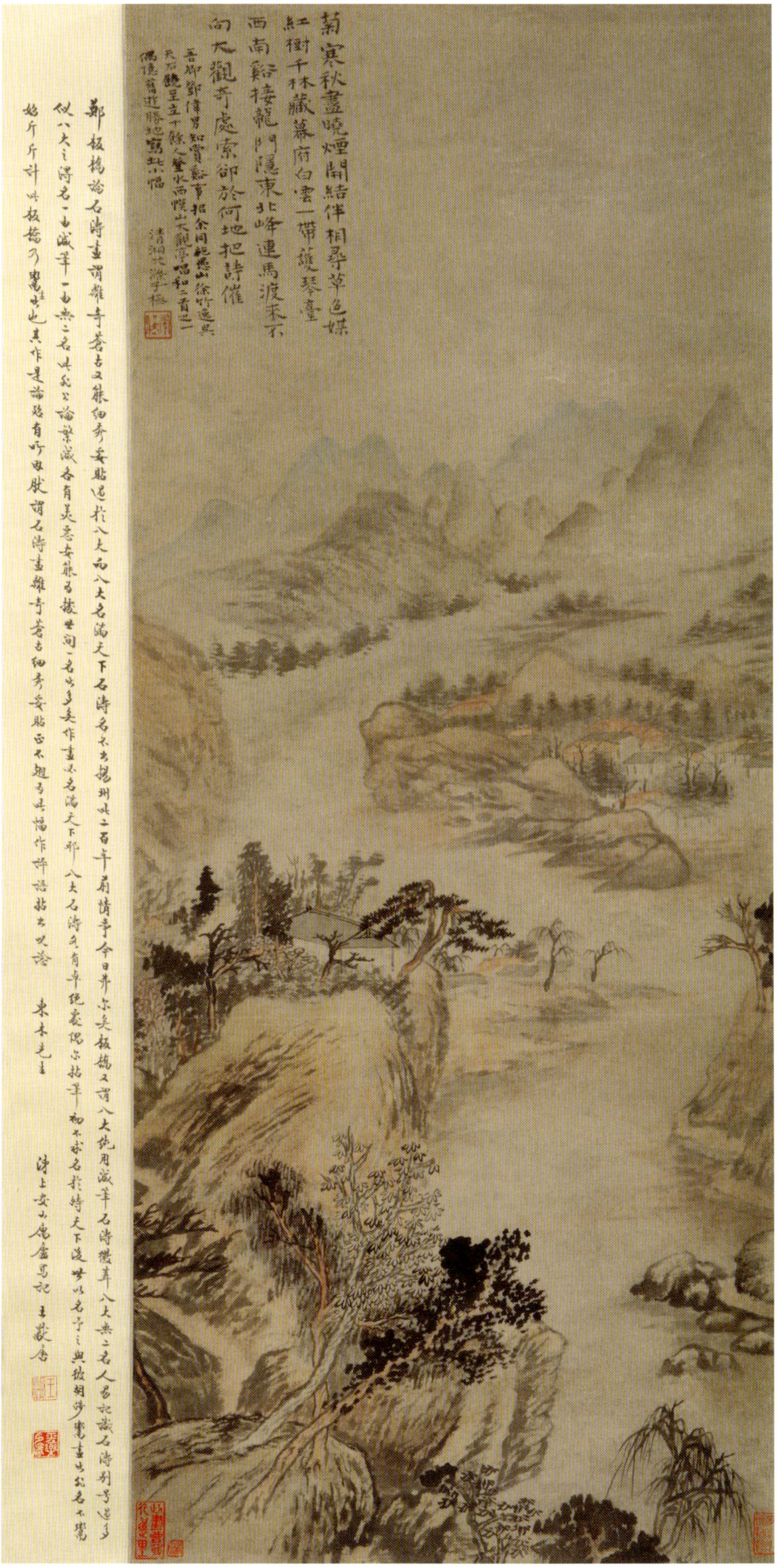
菊寒秋盡曉煙開結伴相尋草色媒
紅樹千林藏幕府白雲一帶護琴臺
西南路接龍門隱東北峰連馬渡來不
向大觀奇處索卻於何地把詩催

◀ 愚之鼎《花鸟图》轴

清（1644—1911 年）

纸本水墨　纵 50.3、横 34.2 厘米

现藏于济南市博物馆。

愚之鼎（1647—1716 年），字尚吉，一字尚基，一作尚稽，号慎斋，江苏兴化人。清代著名的画家，擅山水，人物，花鸟，走兽，尤精肖像。观此幅花鸟小品，笔力强劲飘逸，行笔挺秀洒脱，动感十足，很有韵度。自题“小卉庵窗前之景，纵笔记时竟有宋人马和之不食烟火之致”

高其佩《松鹤图》轴

清（1644—1911 年）

纸本设色　纵 134、横 38 厘米

现藏于济南市博物馆。

高其佩（1660—1734 年），字韦之，号且园，别号南村等，辽宁铁岭人。擅画花鸟、走兽、人物、山水，尤以指头画著称。此图以指代笔，描写苍松、仙鹤，笔力劲爽，构图稳健端庄。简练的线条表现了松的挺拔、鹤的娴静，别有一番情趣。 左下方款署：“高其佩指头画”。钤印三方。

乘风破浪舟
狮峰居士并题

沈宗敬《乘风破浪图》轴

清（1644—1911年）
纸本墨笔　纵84.7、横45厘米

现藏于济南市博物馆。

沈宗敬（1669—1735年），字南季、恪庭，号狮峰、狮峰道人、卧虚山人。今上海松江人。工诗文、书法，并精音律；善吹箫、鼓琴；擅画山水。此图用积墨法描写两只帆船在宽阔的水面上顺风而行。笔墨层层积染，山石浑厚，松树苍劲，深得王原祁神髓。右上方自题：“乘风破浪舟。狮峰居士并题。”钤印两方。

沈铨《猴图》轴

清（1644—1911年）
绢本设色　纵164、横98厘米

现藏于济南市博物馆。

沈铨（1682—约1760年），字衡之，号南蘋，浙江湖州人。此图绘三只顽皮的猴子在山石上嬉戏。上端古松苍翠，虬枝盘旋。一老猴拿树枝伸向树上的蜂巢，小猴蹲在石上观望，甚是可爱；另一只老猴拿花枝边往前跑，边回头张望。全图构思别致，饶有情趣。款署：“己巳新秋写给吕指挥封侯图，南蘋沈铨”。”钤印二方。时年沈铨六十八岁。

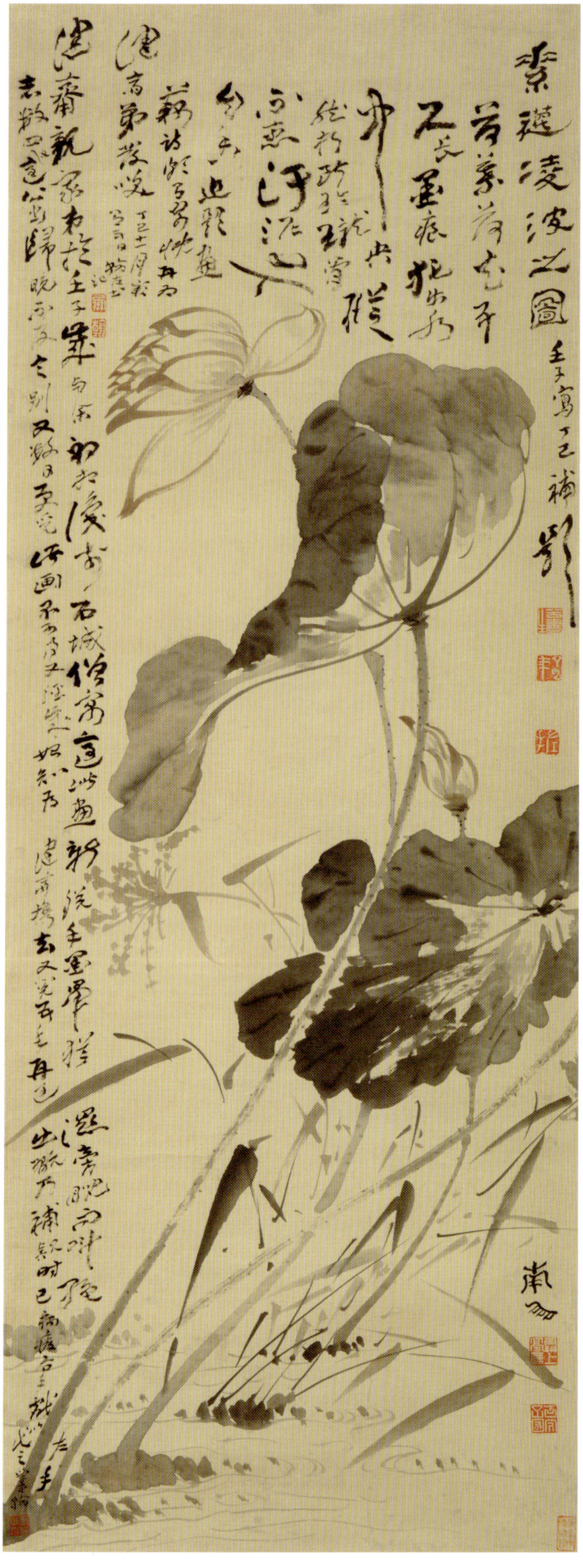

高凤翰《素袜凌波图》轴

清（1644—1911年）

纸本水墨　纵119.7、横45.8厘米

现藏于济南市博物馆。

高凤翰（1683—1748年），字西园，号南村，晚号“南阜老人”，尝自称老阜。因患风痹，右臂不任，以左手作画，又号尚左生、归云老人。山东胶州人。扬州八怪之一。此图以大写意泼墨手法写风中荷叶、荷花的摇曳多姿，用笔放纵，墨色淋漓，加之左手长题，更加奇趣横生。图的上方有作者右手标题：“素袜凌波之图”。左手题行书十二行。钤白文印八方。

高凤翰《长年富贵牡丹图》轴

清（1644—1911 年）

设色绢本　纵 150、横 59 厘米

现藏于济南市博物馆。

此幅长年富贵图，从虬枝交错的苍松到怒放的牡丹，可以看到高凤翰泼辣的用笔，其技巧之纯熟，功力之深厚，构思立意和结构等都具高氏特点。

長年富貴之圖

李鱓《虎图》轴

清（1644—1911年）

纸本设色　纵172厘米、横95厘米

现藏于济南市博物馆

李鱓（1686—1762年），鱓亦作鳝，字宗扬，号复堂、懊道人，江苏兴化人。为“扬州八怪”之一。此图绘两只老虎在山石间嬉戏，背景为玲珑秀石、蜀葵、艾草，一枝石榴冲出画面，硕果红艳欲滴，增添了作品的情趣。钤白文印一方：“鱓印”。时年李鱓六十二岁。

黄慎《东坡洗砚图》轴

清（1644—1911年）
纸本淡设色　纵160、横84.5厘米

现藏于济南市博物馆。

黄慎（1687—约1770年），字恭懋，后改字恭寿、菊庄，号瘿瓢子、东海布衣等，福建宁化人。为“扬州八怪”之一。此图描写苏东坡赏砚的情景。以草书笔法入画，用笔迅疾，衣纹顿挫，线条硬折虬结，造型生动，情趣盎然。左上方自题行书三行。款署：“瘿瓢”。钤白文印两方：“瘿瓢”、“黄慎”。

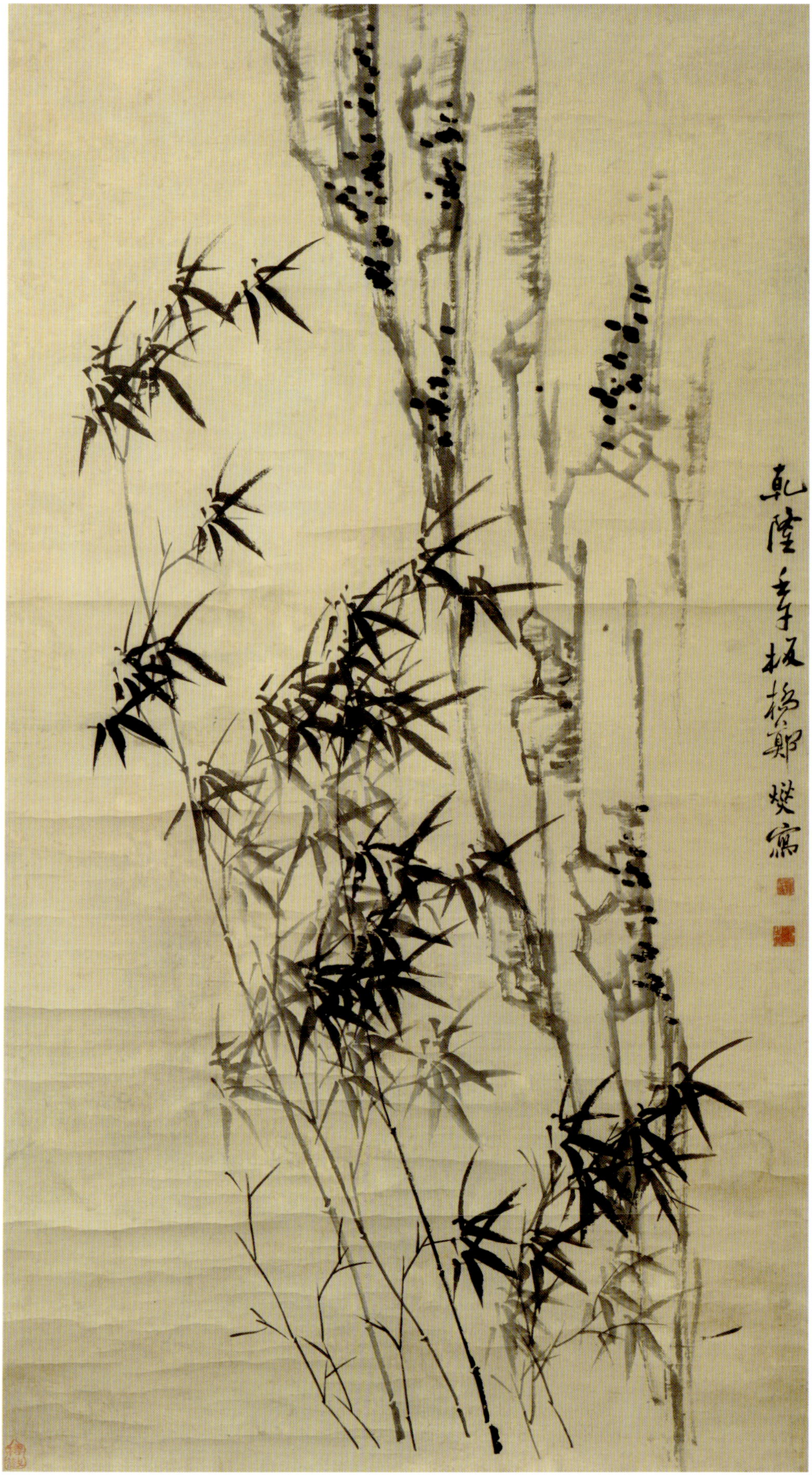
乾隆壬申板桥郑燮写

◀ 郑燮《竹石图》轴

清（1644—1911年）
纸本水墨　纵183、横103厘米

现藏于济南市博物馆。

郑燮（1693—1765年），字克柔，号板桥，江苏兴化人。康熙秀才、雍正举人、乾隆进士。为“扬州八怪”之一。此图画苍劲的山岩下几株修竹迎风摇曳，细而不弱、坚韧挺拔，孤傲而清高，稳健而灵动。山石用淡墨勾勒显其形，又略加皴擦、点苔显其质，随意洒脱，形态自然。款署：“乾隆壬午板桥郑燮写。”钤朱文印二方。

袁江《章台走马图》轴

清（1644—1911年）
绢本设色　纵73、横103厘米

现藏于济南市博物馆。

袁江（？—约1746年），字文涛，江苏扬州人。工画山水、楼台，景物曲折有致。笔墨严整，为清代界画能手。此图绘一座楼阁坐落在雄伟的山脚下，三面环水，绿树掩映。行人或骑马、或乘船往来于山川。山水、楼阁、行人浑然一体，笔墨活脱而踏实，甚是精到。左上方自题：“章台走马图。邗上袁江拟意。”钤印二方。

袁耀《枇杷图》轴

清（1644—1911 年）
绢本设色　纵 72、横 90 厘米

现藏于济南市博物馆。

袁耀（？—约 1778 年），字昭道，江都（今江苏扬州）人。工山水、楼阁，精于界画。此图运用剪裁构图法截取枇杷的一枝，老干虬曲，枝叶茂密，果实累累，给人以丰满充实的感受。用笔工整，设色典雅，在袁氏作品中实属罕见。钤印两方。

▶ 童钰《梅花图》轴

清（1644—1911 年）
纸本水墨　纵 132、横 68 厘米

现藏于济南市博物馆。

童钰（1721—1782 年），字二如、璞岩，号二树、缓亭、札岩、借庵子，浙江山阴（今绍兴）人。此图运用剪裁构图法截取一株粗硕的老梅树干，枝条稀疏，表现了不经栽接之山间野梅荒寒清绝的润致。款署："二树童钰"。钤印四方。

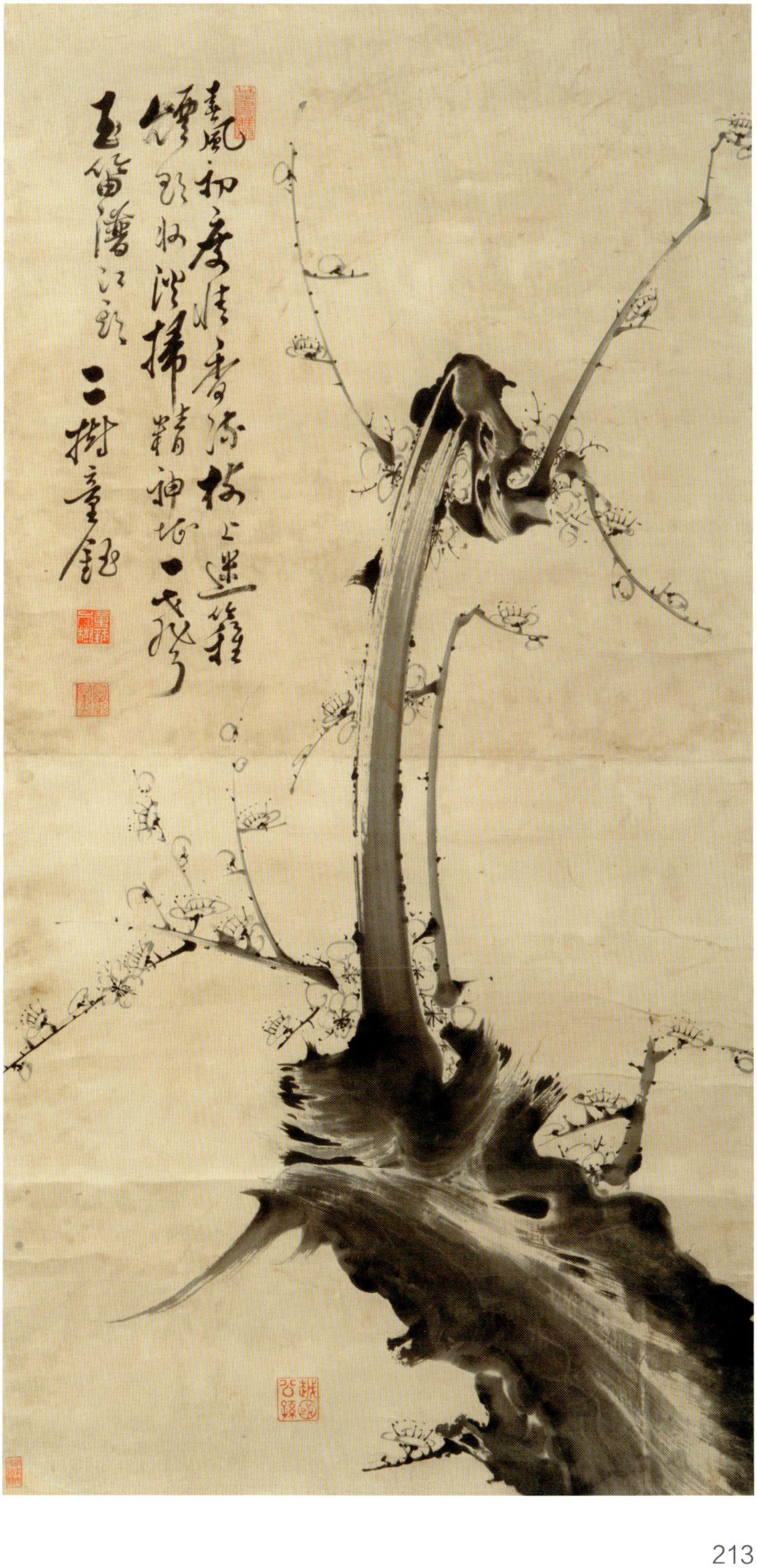

揚州羅聘敬繪

罗聘《设色罗汉图》轴

清（1644—1911年）
绢本设色　纵98、横47厘米

现藏于济南市博物馆。

罗聘（1733—1799年），字遯夫，号两峰，又号衣云和尚、花之寺僧、玺牛山人等，江苏扬州人，一作安徽歙县人。金农高弟。善画人物、佛像、花果、梅竹、山水，为“扬州八怪”之一。此图画菩提树下五个降虎的罗汉，色彩艳丽，笔法严谨，与写意的树木形成对比中的统一。款署：“扬州罗聘敬绘”。钤白文印：“两峰”。

黄卫《设色扁豆图》轴

清（1644—1911年）

绢本设色　纵65.3、横34.5厘米

现藏济南市博物馆。

黄卫（生卒年不祥），字葵园，毗陵（今江苏常州）人。工勾勒花卉。此图画家用工整的用笔，典雅的设色描绘了一枝花繁叶密、藤蔓缠绕的扁豆。两只蝴蝶落于花梗，姿态各异，栩栩如生，整个画面充满生机。无款。钤印二方。画左侧有赵秋谷题行书五行，康熙己丑岁除前三日无想道人赵执信题。

▶ 俞龄《竹林七贤图》轴

清（1644—1911年）

纸本设色　纵168.5、横90.5厘米

现藏于济南市博物馆。

俞龄（生卒年不详），字大年，杭州人。工山水、人物。此图描绘的是魏晋年间的七位贤士：嵇康、阮籍、山涛、向秀、刘伶、阮咸、王戎在山阳竹林集会的情景，竹林中七位贤士席地而坐，吟咏唱酬。与周围环境融为一体，意境十分清幽。款署："葵亥仲夏月李子元兄嘱写为馥裛老年翁正。钱江俞龄"。钤印二方。

蔡嘉《山水图》轴

清（1644—1911 年）
纸本设色　纵 163、横 90 厘米

现藏于济南市博物馆。

蔡嘉（生卒年不详），字松原、岑州，号雪堂、旅亭，又号朱方老民，江苏丹阳人。此图以浑厚华兹的笔墨，写诗人秋山觅诗的情景。淡赭染成的远山衬托出近处苍郁的丛树，浑厚而深远。款署："壬戌之秋，七月既望，南徐旅亭蔡嘉并题。"钤朱文印二方。

山木蒼蒼壁水流白雲深處
隱高樓詩人胸次宜丘壑
寫松亭一片秋
壬戌六秋七月既望
南徐旅亭

焦秉贞《得鹿图》轴

清（1644—1911年）
纸本设色　纵59、横53.2厘米

现藏于济南市博物馆。

焦秉贞（生卒年不详），字尔正，山东济宁人。擅画人物，吸收西洋画法，重明暗，楼台界画，刻划精工。此图描写的是狩猎的场景。画中一群狩猎者在茫茫雪原中得一白鹿，喜悦和骄傲的心情溢于言表。人物神态传神，马匹动态生动，有浓厚的生活气息。左上方自题：“得鹿图，焦秉贞制”。钤朱文印：“秉贞”。

冷枚《梅花高士图》轴

清（1644—1911年）
绢本墨笔　纵155、横52厘米

现藏于济南市博物馆。

冷枚（生卒年不详），字吉臣，号金门画史，山东胶州人。焦秉贞弟子。此图以细劲的线条，淡雅的笔墨描写高士偕童子赏梅的情景。严谨的笔法画出观梅者的闲适神态，与平淡幽静的环境相融合，呈现出一派平和气象。右上方款署：“康熙丁亥暮春，拟元人笔意于镇碧山房南窗左，金门画史冷枚画。”钤白文印二方。

奚冈《梅竹水仙图》轴

清（1644—1911 年）
纸本墨笔　纵 140.5、横 33 厘米

现藏于济南市博物馆。

奚冈（1746—1803 年），初名钢，字铁生，一字纯章，号萝龛，别署鹤渚生，钱塘（今杭州）人。“西冷八家”之一。此图画一株白梅依石而立，石间幼竹数丛，石下水仙两簇。梅枝挺秀，繁花密萼；水仙吐香，清淡雅逸；新竹秀嫩，碧润葱郁。左上方款署：“已酉九月蒙泉外史奚冈作于冬花龕。”钤白文印两方。时年奚冈 44 岁。

王一亭《和合二仙》轴

近代
纸本设色　纵 161、横 82.5 厘米

现藏于济南市博物馆。

王一亭（1867–1938 年），名震，号白龙山人，觉器。浙江吴兴人，画家，为上海近代著名居士，海上画派中一位颇有影响的画家。此图描绘的二仙蓬头笑面，一持荷花，一捧圆盒，面目亲和，令人欣喜舒畅。作品衣纹线条简洁犀利，行笔迅疾，遒劲如铁，落笔潇洒。人物刻画形神兼备，惟妙惟肖，气势博大，别具匠心，展示了画家颇富才情的艺术造诣。

竹木牙雕是指古代工匠利用象牙、木材、竹子等硬质材料雕刻出具有一定空间的可视、可触的艺术形象。明清时期，竹木牙雕技艺高度发展，涌现出许多雕刻家和无数的优秀作品。这些历代留存的艺术品在济南市博物馆和原济南市文物店皆多收藏。象牙寿星刀法简洁，立意高远，寥寥数刀，寿星慈眉善目之态即跃然于眼前；竹雕寿星集高浅浮雕雕刻技法于一身，刀法纯熟，作品构思极为巧妙。雕刻笔筒、雕刻摆件等皆构思巧妙，独具匠心。

砚台不仅是文房用具，由于其性质坚固，雕刻精湛，又被历代文人作为珍玩藏品之选。山东省著名教育家、收藏家、书法家姜守迁多次捐赠济南市博物馆十余方砚台，其中就有清代书画家、篆刻家高凤翰著《砚史》中的高凤翰铭虫蛀端砚、高凤翰铭天鹅端砚，以及金农刻铭文梅花端砚、古圣观象八角形端砚、龙纹玉堂端砚等。

石刻艺术品的种类更是风格多样，延续千年。人们在山体上书丹刻石，点缀名山大川；在墓碑墓志上刻下逝者的生平事迹，寄托哀思；石造像、镇墓兽、透雕仙人凤鸟车，更为世人留下无限的遐想。

清著名藏书家马国翰的《玉函山房辑佚书》是辑书史上的一项空前成就，印版共 5966 张，11023 页，涉及书籍 627 种，873 卷，其规模之大，数量之多，史上少有。

雜項

鹿角锄

大汶口文化（公元前4200—公元前2600年）
长52.2、宽27.5、厚5.9厘米

现藏于济南市博物馆。

农具。选用四不像鹿角制成。长柄，一端为圆平顶，可用于锤击；一端有钝尖，其刃部尖细锐利，用于刨掘，应是当时农作点播之工具。

托钵鎏金铜佛像

明（1368—1644 年）

长 19.5、宽 15.5、高 28.5 厘米

现藏于济南市博物馆。

螺发高髻，双目微闭，面容慈祥，身披袈裟，右手置右膝下垂，左手置腹前托钵，结跏趺坐于莲花座上。通体鎏金。

鎏金铜佛像

明（1368—1644年）
长19.7、宽12.2、高24.5厘米

现藏于济南市博物馆。

螺发高髻，面部清癯，身着袒右肩式袈裟，右手仰置触地，左手禅定印，结跏趺坐于三角形底座之上。座前沿刻藏文一行。通体鎏金。为典型的藏传佛像。

象牙人物笔筒

清（1644—1911年）
口径8.5、高11厘米

现藏于济南市博物馆

筒身浅浮雕太白醉酒成仙图，为李白坐于柳荫下，双手撑膝，头部下垂于胸前，双目微闭，似处于熏醉状态。身后舀酒童子，正在窃笑其主人醉酒的囧态。图案的另一侧则雕刻仙人渡海图。此笔筒构图疏密得当，细节刻画精细严谨，人物面部表情丰富，线条圆润流畅，雕刻工艺十分精湛。

竹雕寿星

明（1368—1644年）
高41.2厘米

现藏于济南市博物馆。

竹质。浅棕色。立体圆雕。头顶隆突，眉如弯月，面带微笑，长须飘飘，衣褶流畅，右手持杖，身前有五童子拥绕相戏，人物形神兼备，逸趣横生。此竹雕寿星，集高浅浮雕雕刻技法于一身，刀法纯熟，作品构思极为巧妙。

乌木镶嵌笔筒

明（1368—1644 年）
口径 13、高 16.5 厘米

现藏于济南市博物馆。

文房用具。乌木质。黑色。笔筒随根形，浮雕松树，镶嵌玉石、花卉和竹叶，镶嵌制作工艺讲究，精致瑰丽，雕法娴熟，造型新颖，颇具匠心。

浮雕松枝沉香盂

明（1368—1644年）
口径14.2、底径12.5、高9.9厘米

现藏于济南市博物馆。

文房用具。沉香木质。棕红色。取天然椭圆形木根雕琢，内口掏空，器体外壁浮雕松树，树干粗壮，枝叶茂盛。

楠木四季花卉笔筒

明（1368—1644 年）
口径 19.4、高 20 厘米

现藏于济南市博物馆。

文房用具。楠木质。棕红色。椭圆形，葵口。周身浮雕四季花卉，图案花纹疏朗明快，生机盎然。雕刻精美，刀法圆润，打磨光滑，做工讲究，为明代木雕笔筒中的精品。

娄坚竹雕松下煮茗笔筒

明（1368—1644 年）
直径 8.5、高 16 厘米。

现藏于济南市博物馆。

笔筒圆柱形，用镂空和减地浅浮雕手法雕出，构图古雅，刀法流畅，人物衣纹简洁，形象生动，神采飘逸，呼之欲出。娄坚（1567—1631），字子柔。祖籍长洲，后徙嘉定（今上海）城南。善竹雕，常刻竹自娱。

楠木抱瓶侍者

清乾隆（1736—1795年）
底长8.2、高22厘米

现藏于济南市博物馆。

楠木质。栗黄色。立体。侍者秃顶卷发戴一头陀，双目微睁下视，表情安详和蔼，身着宽袖长衣，边缘呈波浪形，飘拂而起。双手抱净瓶于头侧，颈饰项圈，赤足。所刻人物，神情并茂，栩栩如生，衣纹线条道劲流畅。

奇節並立

竹雕笔筒

清（1644—1911 年）
底长 15.8、底宽 10.6、高 22.3 厘米

现藏于济南市博物馆。

口部呈椭圆形，笔筒由竹根雕成，整体造型自然奇特，呈一体双筒形，笔筒上口沿处有清乾隆三十三年历下朱文震自刻“奇节并立”四字。筒身另有朱文震题刻长篇铭文，讲述获取此笔筒的过程，极具历史和文化价值。

紫檀笔筒

清康熙（1662—1722 年）
口径 17、底径 16.8、高 16 厘米

现藏于济南市博物馆。

文房用具。紫檀木质。黑棕色。光泽莹澈。口微侈，腰略收，底部微撇，平底，通体素面无纹，做工朴素，器形敦厚，具有古朴清雅的风格。清代紫檀木雕器物尤以笔筒最为常见。

黄杨人物山子

清（1644—1911年）
长8.8、宽2.8、高3.5厘米

现藏于济南市博物馆。

宫廷陈设品，黄杨木质。棕黄色。造型自然，随根形上有一老者倚根而坐，老者头戴幞头，面露微笑，长胡须。身着交领长衣，两腿交叉盘坐，右手执芭蕉扇，左手拿书卷自然落于左膝之上。人物刻画逼真细致，面部表情生动传神。

沉香福寿如意

清乾隆（1736—1795年）
长47.7、如意头直径6厘米

现藏于济南市博物馆。

沉香木质。栗色。长条形。长柄，带飘缨。头部浮雕五蝙蝠，中间凸一圆形寿字，柄浮雕五蝙蝠，通体浮雕云纹地，雕工可谓精致至极。如意在明清时期是一种常用的摆设品，也是一种常用的馈赠品。

橄榄核雕

清光绪（1875—1908 年）

长 4.2 厘米

现藏于济南市博物馆。

橄榄木质。棕色。整只蓬船运用透雕、浅深浮雕等各种技法，雕刻出多扇开启的窗户及精美纹饰。船头船尾各雕两人端坐于茶几旁饮酒观景，而蓬船内处处人头攒动，有的在饮酒、有的在对奕、有的在赋诗，呈现出一派祥和的景象，船底精刻苏东坡《赤壁赋》诗句。

石雕荷叶洗

清乾隆（1736—1795 年）
口径最大处 23、高 10.5 厘米

现藏于济南市博物馆。

文房用具。石质。表面栗黄色，青绿色斑块。石雕呈荷叶状，口为荷叶边微敛，深腹，平底，外壁周身浮雕多片荷叶及叶茎莲花、莲蓬，一只螃蟹攀附于荷叶边际，生动可爱，洗内壁浅雕水草一枝。此器以植物为题材，刻画的淋漓尽致，栩栩如生，形制优美典雅，色彩自然柔和，高雅不凡。

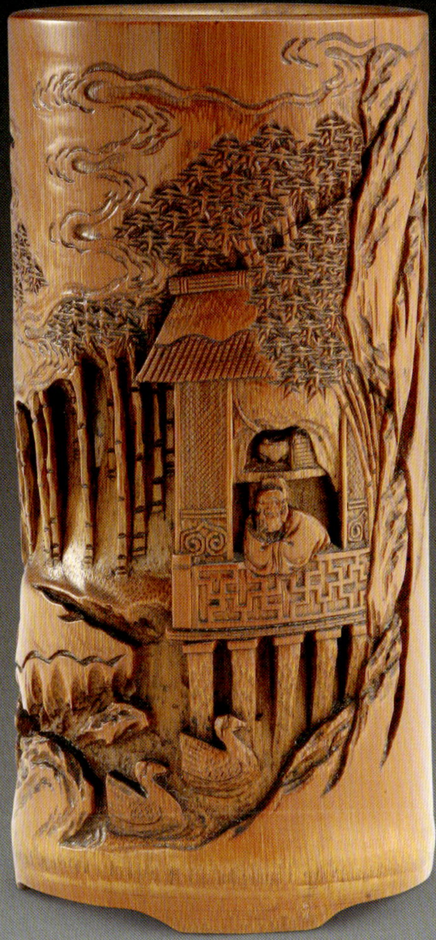

竹雕笔筒

清（1644—1911 年）
直径 5.6、高 11.2 厘米

现藏于济南市博物馆。

筒形匀称，以深浅浮雕技法满雕楼台人物，山石树木，构图丰满，雕刻有力。表现丛竹被风吹动的婆娑之态，更是生动之至。其山石简洁与繁密修竹形成反差，相互衬托。茅屋中一老者扶栏而观水禽戏水，神情专注，仿佛早已将灵魂注入其中。

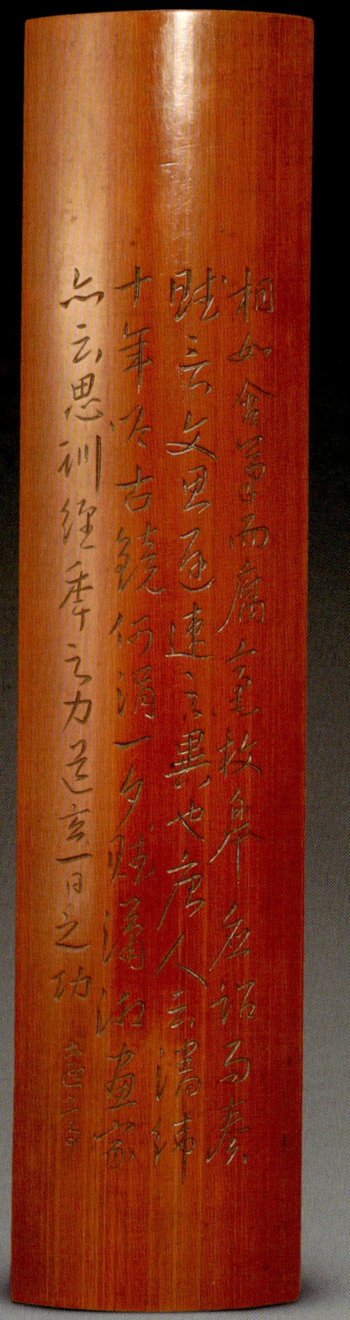

竹雕行草臂搁

清（1644—1911年）
长28.1、宽6.5厘米

现藏于济南市博物馆。

此臂搁既老且润，朴素无华，犹如一幅古老的佳作条屏，似挥洒自如的行书，亦可称作是一件书法作品。此臂搁上雕刻的几行行书亦可观作是书法艺术的变奏。

竹根雕双牛摆件

清代（1644—1911年）
长6.7、宽4.2、高6.8厘米

现藏于济南市博物馆。

作品采用圆雕技法，刻画出夏日水塘边的景物。在泥泞长满绿草的池塘边，一母牛正俯首欲与旁边的幼子亲昵。两牛身体浑圆健壮，两眼炯炯有神。作品构思奇妙，刀法老道，传神的刻画出母子情深的感人场景，并注意到静与动的和谐体现。整体珠联璧合，和谐统一，诚为圆雕中之精品。

黄杨木雕笔筒

清（1644—1911年）
直径13、高16厘米

现藏于济南市博物馆。

此件笔筒以黄杨木雕作枯松状，雕工简朴，但极为传神，特别是浮雕的松枝足可以以假乱真。整件笔筒造型挺拔大气，雕工自然随意，包浆光亮，为清初之木雕精品。

竹贴黄方盒

清（1644—1911年）
长7.2、宽7.2、高3.7厘米。

现藏于济南市博物馆。

此盒为八角形方盒，盒盖顶部图案以方夔龙纹饰，加以变形组成蝙蝠和篆书“寿”字图案，中心同样以方夔龙纹组成“寿”字，呈八福捧寿图案，其贴黄工艺衔接紧密，纹饰精美，技艺高超。贴黄工艺极富装饰性，它又称“翻黄”或“反黄”，始创于清代初期。

紫檀刻梅杯

清乾隆（1736—1795年）
口径24、高11.5厘米

现藏于济南市博物馆。

此杯用紫檀雕刻，色深如漆，外壁饰以高浮雕刻梅花纹，梅枝为柄，构思巧妙，独具匠心，雕工刚劲有力，表面包浆光亮温润。

竹根雕观瀑山影摆件

清（1644—1911 年）
长 9、宽 3.2、高 5 厘米

现藏于济南市博物馆。

此件用一小节竹根雕成：一老者坐于突兀险峻的孤峰之下，峰顶枝叶茂盛，一条飞瀑悬于峰测，周围奇石草木环绕，似乎完全陶醉于其中。这件竹根山影小巧玲珑，小中见大；布局错落有致，疏密得当；雕工粗放娴熟，人物形神兼备；包浆极好。

毕荣九内画烟壶

清（1644—1911年）

长4.9、宽2.5、高5.75厘米

现藏于济南市博物馆。

料器，烟壶内壁一面画山水、树木、屋舍，上题：“少珩仁兄清玩弟宝秋敬赠”，画面层次分明，意境清幽；另一面画古松、仙鹤，题有“乙丑孟夏作于南窗毕荣九画”。毕荣九（1874—1925年），名宁清，以字行，山东博山人，是山东内画艺术的鼻祖，我国清末民初的知名内画家。

乙丑孟夏作
荣九画

毕荣九内画烟壶

清（1644—1911 年）
长 3.4、宽 1.6、高 6.8 厘米

现藏于济南市博物馆。

料器，烟壶内壁一面画山水、树木、屋舍、小桥流水，一人漫步独行，题："少珩仁兄清玩弟宝秋敬赠"；另一面画古树下一老一少两人喂鸭子，极富生活气息，上题："乙丑孟夏作荣九画。"

玛瑙巧作枫叶双鸟瓶

清（1644—1911 年）
口径 2.6、通高 11.15 厘米

现藏于济南市博物馆。

玛瑙质，半透明，敛口，丰肩，镂雕花枝为足。瓶身上以巧色红玛瑙镂雕出花、叶，一鸟俯身落于枝梢。圆盖上立雕一长翎鸟口衔枝叶，阴刻羽毛。此器构思巧妙，玲珑精美。

嵌宝石五子闹佛

清乾隆（1736—1795年）
长24.2、宽9.6、高13.05厘米

现藏于济南市博物馆。

黄白色，有红色斑纹。弥勒佛屈膝斜坐倚于一块石头，大耳垂肩，袒胸露肚，开怀大笑，其衣服上嵌有九粒红绿宝石。周边五个小童子发式、姿态各异，或掏耳朵，或抓乳头，或挠脚趾，或扯佛珠，或击钹，与弥勒嘻闹不止。此器雕琢细致，人物形态生动逼真。

寿山石雕骑兽观音

清（1644—1911年）
长14.2、宽7.5、高17.5厘米

现藏于济南市博物馆。

此座雕像采用上品的寿山石，雍容华贵，微透明，似玉非玉。观音端坐于一瑞兽之背，双手握拂着珠串，发髻高盘，细眉长眼，仪态端庄，造型自然优美，衣纹浑圆有致，刀笔洗练畅达。

铜鎏金画珐琅烟壶

清（1644—1911 年）
长 5、宽 2.5、高 6.5 厘米

现藏于济南市博物馆。

此烟壶以铜为胎，外鎏金刻画，并在两面画珐琅人物。底刻“乾隆年制”四字款。此壶造型工整，比例匀称，刻工精致，尤其是绘珐琅仕女，更是精美绝伦，栩栩如生，真如照片一般。从造型、画工等看，当是清宫造办处的杰作。

乾隆年制

李开先端砚

宋（960—1279年）
长14.2、宽6、厚1.8厘米

现藏于章丘博物馆

长方形抄手砚，正面平，背面为箕形。
李开先，字伯华，号中麓，明嘉靖年进士，官至太常寺少卿，明代著名文学家、戏曲家。隆庆二年（1568年）卒于家中，葬于李氏祖茔。此砚为李开先墓内出土。

竹节形端砚

明（1368—1644 年）
长 12.5、宽 11、厚 2.2 厘米

现藏于济南市博物馆。

王穉登（1535-1612）字伯穀 ，半偈长者，青羊君等。江苏江阴人，后移居吴门。此砚整体雕竹节状，正面雕虫蛀状墨池，砚堂较平，背面雕竹节状，内有明代书法家王穉登“不可一日无此君”铭文。该砚石质细腻，造型构思巧妙，美观大方，是端砚中的精品。

龙纹玉堂端砚

明（1368—1644年）
长27.5、宽18.1、厚5.4厘米

现藏于济南市博物馆。

长方形。石色黑紫，石质细润。砚面微凹，四边刻有二龙戏珠纹，刻工精细，构图严密，上方正中一石眼，色翠绿，晕紧密，名“鸲鸲”。石眼被巧作龙珠，两边为二龙相对。造型端庄古朴，纹饰恭谨细腻。

海天浴日端砚

明（1368—1644年）
长12.8、宽9.1、厚4厘米

现藏于济南市博物馆。

随形。砚面上部及周围以云纹、水波纹为地，刻不规则似河流和湖泊的图案并巧作砚池，砚堂微凹，光滑细腻，构思新颖巧妙，别具一格。砚盒制作精美，周围布满浪花图案，中间凸起刻铭文“海天浴日砚”。

雕花葫芦形砚

清乾隆（1736—1795年）
长11.7、宽6.3、厚1.9厘米

现藏于济南市博物馆。

葫芦形。一面随形雕成砚膛、砚池，另一面随形浅浮雕葫芦、瓜叶、藤蔓。砚盒葫芦形，通体浅浮雕葫芦、瓜叶及藤蔓。做工精细，雕刻精美。

仿汉石渠阁澄泥瓦砚

清乾隆（1736—1795年）
长13.4、宽7.8、厚1.3厘米

现藏于济南市博物馆。

仿汉瓦形，砚面下部为圆形砚堂，色泽橙红，质地细腻，淘炼精良，制作工细，坚润如端石。砚上端边侧横刻“仿汉石渠阁瓦砚”，砚面上部为乾隆制铭：“炎刘瓦研称石渠，汾沙抟埴其式俱。以昔视今旧新殊，由今视昔讵异乎。乾隆制铭。”钤“德充符”篆文印一方。铭为隶书，敷以金彩，显得雍容华贵，精致异常。

炎劉瓦研稱
石渠汾沙摶
埴其式俱以
昔視今舊新
殊由今視昔
詎異乎
乾隆御銘

古圣观象八角形歙砚

清乾隆（1736—1795 年）
长 14.3、宽 14.3、厚 1.4 厘米

现藏于济南市博物馆。

八角形，莹光纹。石质坚韧润密。砚背刻“仿唐观象砚”、“古盛观象，意在笔前。卦虽画八，理具先天。伊谁制砚，义阐韦编。四维四隅，匪方匪圆。弗设奇偶，全体备焉。玩辞是资，选石仿旃。滴露研朱，用佐穷年。乾隆丙申新正御铭”，钤“德充符”、“会心不远”篆文方印两方。

仿唐觀象硯
古聖觀象
意在筆前卦雖
畫八理具先天伊誰
製硯羲闡韋編四維四隅
匪方匪圓弗設奇偶全體
備焉玩辭是資選石倣旃
滴露研朱用佐窮年
乾隆丙申新正
御銘

荷叶松江石砚

清乾隆（1736—1795 年）
长 16.5、宽 12.8、厚 3.05 厘米

现藏于济南市博物馆。

随形。砚膛平坦，上浮雕荷叶戏鱼。砚背行书四行：“风送荷香叶翻鱼戏不受□（淤）泥染自有濠梁意　丁卯春日为咸白兄铭正甫”。砚配盒。

高凤翰铭天鹅端砚

清（1644—1911年）
长20.3、宽13.2、厚2.2厘米

现藏于济南市博物馆。

随形，巧妙地雕琢修饰为一只若隐若现的天鹅。鹅首微露，硕冠高耸，单目圆睁，短尾卷翘，在周边所刻或粗犷或细微的羽纹簇拥下，其躯体大部形成墨池。砚背有高凤翰行楷刻铭："铁岭翁旧藏是品，古意足珍。翰于雍正十一年以文字知招入苏松抚署之东院，题此以志感遇。"镌"西亭"、"凤"、"翰"篆文印各一方。

黄云紫电端砚

清（1644—1911年）
长16、宽13.5、厚2.9厘米

现藏于济南市博物馆。

随形。石质细腻滑润，周围有一圈黄色晕纹，恰似黄云环绕。砚背刻隶书诗文："水岩之精，云霞蔚生，浑浑噩噩其天成，惟君子兮得用贞。"配有整块楠木盒，盒上雕刻铭文"黄云紫电之砚"。

高凤翰铭虫蛀端砚

清（1644—1911年）

长18.75、宽13.95、厚3.75厘米

现藏于济南市博物馆。

长方形，砚石色紫，石质细腻，砚体端庄，作工规整，通体无人工雕琢之纹饰，只依砚石形成过程中自然裂隙而随形。砚石两面及四周边缘多处剥蚀，其状如虫吃蝻般的裂隙，故沿称虫蛀砚。

金农刻铭文梅花端砚

清（1644—1911年）
长13.4、宽13.4、厚3.6厘米

现藏于济南市博物馆。

椭圆形。石质细腻，肥润华滋，随形两面雕过枝梅。砚面以浅浮雕手法雕出一过枝梅，巧用梅花作砚池，砚堂平坦光滑。砚背刻过枝梅和铭文，铭文为金农亲刻楷书。梅枝粗壮，苍劲古朴，枝上几朵梅花，花苞欲放伴有松针，线条流畅，古朴高雅，自然美观。

神龟踏浪端砚

清（1644—1911年）
长12、宽9、厚1.6厘米

现藏于济南市博物馆。

此砚褐中泛紫，叩之若木，抚之如小儿肌肤，石质绝佳。砚池作神龟形，雕工极简，而海浪则精雕细刻，毫发毕现，从而达到虚实相济的艺术效果。从雕工和造型看，是典型的乾隆工。

苏政岛石之砚

清（1644—1911年）
长22、宽10.5、厚3.7厘米

现藏于济南市博物馆。

苏政岛石，苏政岛即烟台砣矶岛，因苏东坡在此作过官有政绩而得名，岛上产石如端石，制砚极佳。此砚呈长椭圆形，色如猪肝，抚之润如肌肤。雕工极简，又极工，简而不陋，非良工难为。实为鲁砚之精品。

蘇政島石之硯

唐石雕龙虎棺板

唐（618—907 年）
棺板长 236、前宽 85、后宽 64、厚 7 厘米
前棺板长 89、上宽 77、下宽 83、厚 7 厘米

现藏于济南市博物馆。

左右棺板近长方形，前宽后窄，左侧棺板在粗糙的石板上浮雕青龙，右侧棺板浮雕白虎。前棺板正中上部雕一兽面，双目圆睁，呲牙咧嘴；下部线刻屋舍正面外形，双开门。左侧刻“维大唐开元九年岁次辛酉二月戊□三日庚辰齐州历城县秦城乡唐化□”；右侧字有泐损，现存“考亡妣起造石棺一口□孙公息姪孙李生道儿”。

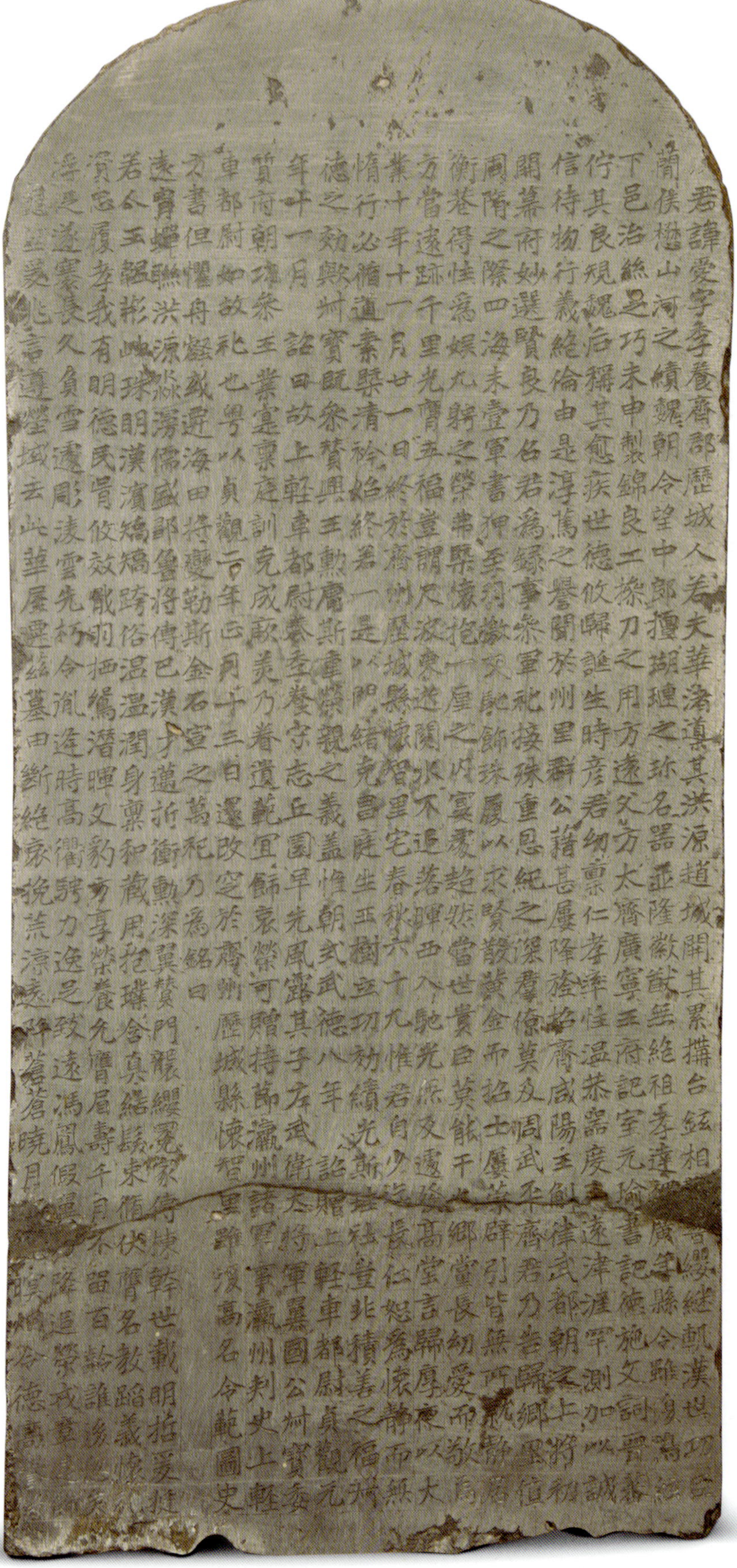

唐秦季养墓志

唐（618—907年）
长40、宽10、高84厘米；
底座长50、宽30、高20厘米

现藏于济南市博物馆。

青石质。志石通体磨光，圆首方趺。楷书文22行，有界格，满行38字，全志文计790字，残损三字。据志文知，墓主人秦季养，是齐郡历城人，为唐朝开国元勋秦琼的父亲。其中除叙述官爵里居之句外，文章体裁为自六朝以来至唐前期的骈体文，均为整齐对偶的辞句。其字体骨力遒劲，应是唐初之大家手笔，有研究者认为应是虞世南之书。

君諱愛字孝養齊郡歷城人若夫華渚導其洪源道城開其累搆台鉉相晉纓緌軌漢世功臣
簡侯樾山河之績魏朝令望中郎擅瑚璉之珎名器並隆徽猷無絶祖孝達隋廣年縣令雖身淹鳴絃
下邑治絲是巧未申製錦良工捺刀之用方遠父方太齊廣寧王府記室元瑜書記德施文詞賈茂
佇其良規魏后稱其愈疾世德攸歸誕生時彥君幼稟仁孝淳性溫恭器度遠津涯罕測加以誠
信待物行義絶倫由是淳篤之譽聞於州里群公藉甚屢降旌招齊咸陽王創律武都朝之上將初
開幕府妙選賢良乃名君為錄事參軍祀接殊重恩紀之深羣僚莫及周武平齊君乃告歸鄉里值
周隋之際四海未壹軍書押委羽檄交馳飾珠履以求賢散黃金而招士屢蒙辟引皆無所就靜居
衡巷得性為娛九轉之榮弗縈懷抱一廛之內宴處超然當世貴臣莫能干其鄉黨長幼愛而敬焉
方當遠跡千里光膺五福豈謂大夜遽閱水不追落暉西入馳光無反遽遊高堂言歸厚夜以大
業十年十一月廿一日終於齊州歷城縣懷智里宅春秋六十九惟君自少迄長仁恕為懷靜而無
情行必循道素驟清衿始終若一是以門緒克昌庭生玉樹立功勍績光斯社豈非積善之福
德之効歟州寶既參贊興王勳庸斯重榮親之義蓋惟朝式武德八年詔贈上輕車都尉貞觀元
年十一月詔曰故上輕車都尉李孝養守志丘園早先風露其子左武衛大將軍冀國公州寶委
質齊朝參王業寔稟庭訓克成厥美乃眷遺範宜飾哀榮可贈持節瀛州諸軍事瀛州刺史上輕
車都尉如故禮也粤以貞觀二年正月十三日還改窆於齊州歷城縣懷智里雖復高名令範圖史
方書但懼舟壑或遷海田將變勒斯金石宣之萬祀乃為銘曰
遠胄嬋聯洪源淼漫儒威鄒魯將傳巴漢才邁祈衡勳深翼贊門襲纓冕家傳棟幹世載明哲爰挺
若人玉韞彰此珠明漢濱矯矯跨俗溫溫潤身稟和藏用抱璞含真結髮束脩伏膺名教蹈義懷
貞忠履孝我有明德民胥攸效戢羽栖鸞潛暉文豹方享榮養允膺眉壽千月不留百齡詎[illegible]
浮[illegible]遂寢長久負雪遽彫凌雲先朽令胤逸時高衢騁力逸足致遠鴻鳳假翼降追榮戎章
追並羨兆言遵塋域去此華屋還茲墓田斷絕哀挽荒涼遠阡蒼蒼曉月[illegible]暝[illegible]令德[illegible]

彩绘透雕仙人凤鸟车

唐（618—907年）
底座长43、底座高15、高28厘米

现藏于济南市博物馆。

石质。选用一整块青石雕凿而成，外施黄彩，多已脱落。这辆两轮车，由一只美丽的凤鸟拉着，一位仙人端坐于车上，双手合拍，置于胸前，凤鸟两侧有三个仙女，挥动长袖，翩翩起舞，楚楚动人。

汉白玉狮

镇墓兽

唐（618—907年）
底座长10、底座宽8、高17.5厘米

现藏于商河县文物管理所。

石质。镇墓兽，前双腿直立呈座式，狮首高昂，略向右侧，双目圆瞪，裂嘴长嘶，气宇高昂，栩栩如生。通体浑圆饱满，规整端庄，精巧而有气魄。

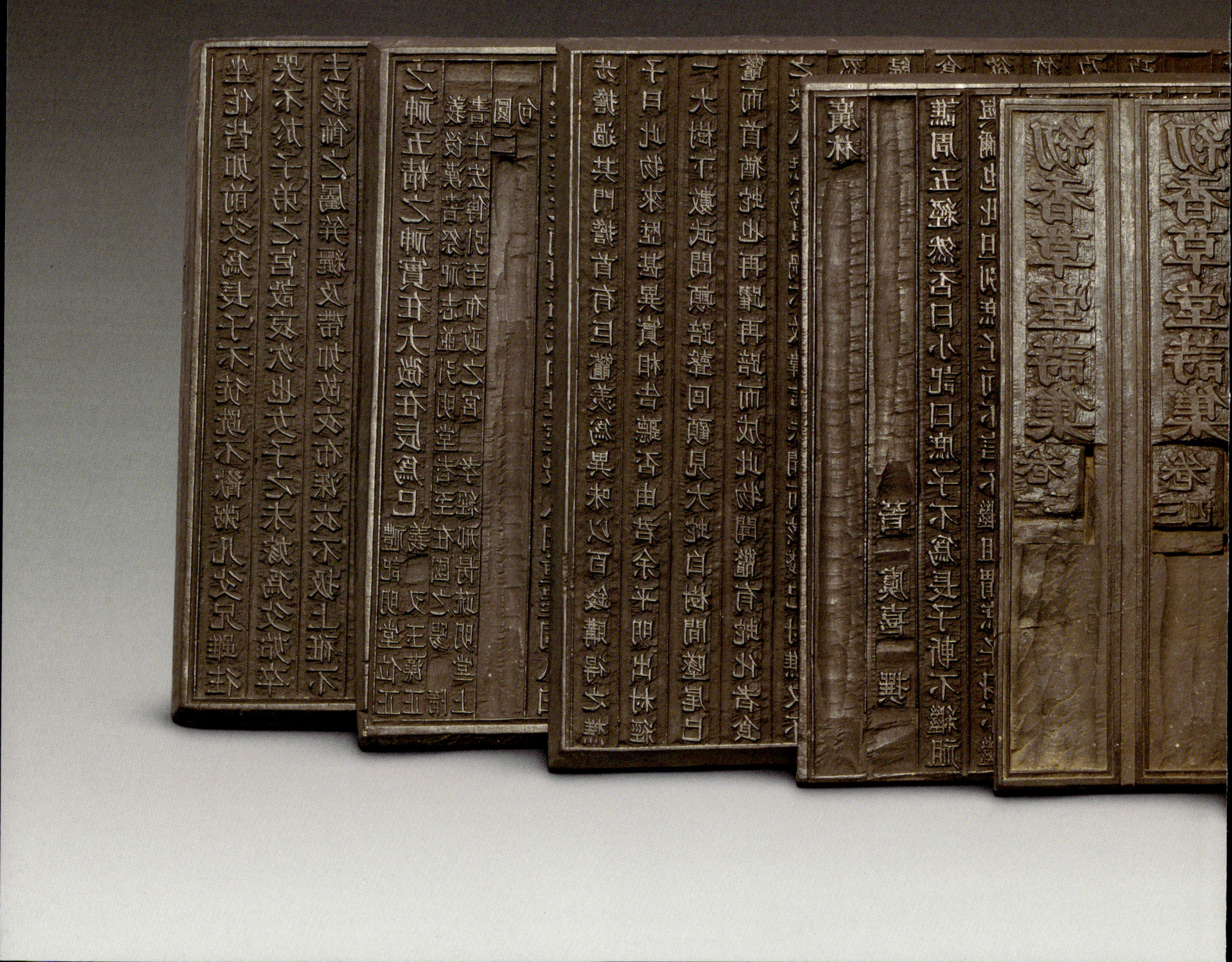